Cum îți sunt

GÂNDURILE

așa îți este **ȘI VIAȚA**

traducere din limba sârbă de

VALENTIN – PETRE LICĂ

ediție revizuită și adăugită de

SLADJANA GURGU

Predania

Cum
îți sunt
GÂNDURILE AȘA ÎȚI ESTE ȘI VIAȚA

Starețul
TADEI
DE LA MĂNĂSTIREA VITOVNIȚA

CAPITOLUL I

BLÂND MĂRTURISITOR AL BLÂNDULUI MÂNTUITOR

Pornind la alcătuirea acestui scurt cuvânt de început al cărții, care adună învățăturile Starețului Tadei de la Vitovnița, nu putem decât să pomenim cuvintele Cuviosului Iustin Popovici de la Mănăstirea Celie, însemnate în predoslovia sa la *Viețile Sfinților*: „Viețile Sfinților nu sunt altceva decât Viața Domnului nostru Iisus Hristos, înnoită și continuată în fiecare Sfânt, într-o măsură mai mare sau mai mică..."

La faptele și la desăvârșirea Sfinților sunt chemați, pe cât le stă în putere, toți creștinii – care, prin întreaga lor viață, râvnesc să umble „cu vrednicie Domnului" /Col. 1, 10/, „cu vrednicie după Evanghelia lui Hristos" /Fil. 1, 27/, care, trăind prin Sfintele Taine și prin sfintele nevoințe ale Bisericii, năzuiesc către curăție și luminare, mântuire și îndumnezeire întru Hristos, dobândirea Duhului Sfânt și întoarcerea în sânul Tatălui Ceresc, potrivit minunatelor cuvinte ale Sfântului Serafim de Sarov, care înfățișează întru adevăr și sfințenie țelul viețuirii creștinești. Așa a fost – la măsura numai de Dumnezeu știută – și viața Fericitului Stareț Tadei de la Vitovnița, cel ce a luminat în veacul al XX-lea mult-pătimitoarea istorie a Bisericii și a poporului nostru sârb cu „lumina lină" a năzuirii sale către Împărăția lui Dumnezeu, cu „pace și bucurie întru Duhul Sfânt". /Rom. 14, 17/

HRISTOS MÂNGÂIE SUFLETUL RĂNIT AL COPILULUI

Tomislav Ștrbulovici[1] – Tadei, în monahism – s-a născut prematur, într-un târg, la șapte luni, pe 19 octombrie 1914, de praznicul Sfântului Apostol Toma, după care a primit și numele de botez; părinții săi erau țărani din Vitovnița[2], sat aflat lângă Petrovaț, pe Mlava. A fost de îndată botezat, căci se temeau că nu va trăi: abia de dădea semne de viață, iar ochii i-a deschis de-abia după Sfântul Botez. Încă de la naștere a fost foarte plăpând trupește și cu o sănătate firavă, încât mai târziu, monah fiind, glumea adesea pe seama sa, spunând cu smerenie: „Din mine nici că se putea alege ceva mai bun, dacă m-am născut la târg!"

Copilăria, pentru micul Tomislav – în anii războiului și după război – a fost tristă în săraca familie de țărani. A rămas de timpuriu fără mamă, iar acasă, în locul glasului celui blând și iubitor al mamei, se auzea cuvântul celei dintâi, și apoi al celei de-a doua mame vitrege. Astfel, firavul Tomislav, suflet peste măsură de simțitor, care se împotrivea răutăților din jur și viețuia într-o lume a gândurilor sale, a cunoscut multă amărăciune. De aceea – după cum el însuși mărturisește – „plecam de acasă doar cu o bucată de pâine în buzunar".

Nici prin statură, nici prin sănătate și nici prin caracter nu se asemuia celorlalți copii din sat. Aceasta a fost crucea

1 Sârbizarea numelui românesc Știrbu.
2 Sat românesc din partea răsăriteană a Serbiei.

sa: se deosebea până și în privința mâncării – de când se știa nu putuse mânca hrană gătită cu untdelemn, nici ouă, nici lapte, iar carne nu putea nici măcar gusta. Îl certau, încercau să-l hrănească cu sila, dar trupul său nu primea niciun fel de hrană de origine animală. Până la 16 ani – după cum el însuși spune – a mâncat „mai mult pâine, ceapă și castraveți". Din dragostea lui Dumnezeu s-a născut în această lume – un loc străin lui –, pentru a posti și a viețui întru feciorie încă din pruncie: ca prunc postitor s-a născut și ca feciorelnic Stareț postitor s-a mutat în Împărăția Cerurilor.

Adesea era batjocorit și luat în zeflemea, socotit neputincios pentru muncă și, îndeobște, fără vreun folos în viață – copilăria lui s-a asemuit nespus de mult cu trista copilărie a Cuviosului Amvrosie de la Optina. I se spunea cu dispreț: „Nu ești bun de nimic! Uită-te la Miladin – un copil de vârsta lui – cum își ajută tatăl, iar tu mănânci pâine degeaba!" Aceste cuvinte îl dureau atât de mult pe micul Tomislav, încât alerga pe câmp, sub un copac, și acolo, în rouă, cel mai însingurat din lume, se ruga Domnului să-i dăruiască mângâiere – „să facă Domnul în așa fel încât să fie și el vreodată de folos cu ceva." Îl chinuia necontenit teama că „cei mari vor fi nemulțumiți de mine și, din pricina acestui gând, nu am putut avea niciodată tihnă" – această temere îl va însoți și mai târziu, în cei dintâi ani de monahism. Era stăpânit, fără îndoială, și de mâhnirea că tatăl său – de altfel, un om bun și liniștit – nu-l ocrotise și nu se purtase cu el așa cum așteptase sufletul său de copil însetat după dragostea cea părintească: „Eram supărat că s-a recăsătorit după moartea mamei și a avut doi copii cu cea de-a a doua soție, dar mai cu seamă pentru că s-a căsătorit și a treia oară, căci îi murise cea de-a doua soție. El, amărât, s-a căsătorit ca să aibă o femeie în casă care să se îngrijească de copii. Mulți ani n-am putut spori duhovnicește din pricina acestui război al gândurilor cu tatăl meu."

Dumnezeu a început să-i descopere încă din copilărie taina gândului, a adunării gândurilor și a luptei împotriva împrăștierii gândurilor – adică a minții –, taină pe care o va înțelege abia după multe zeci de ani de viață întru nevoințe: „Încă din vremea copilăriei cugetam la toate, luam aminte la gânduri, iar acum văd că am îmbătrânit și n-am ajuns încă la acea treaptă la care ajunsesem pe când eram copil – căci Domnul Însuși îi luminează pe copii. Încă înainte de a merge la școală, în vreme ce alți copii se jucau, eu băgam de seamă cum îmi rătăcesc gândurile. «Asta nu e bine – îmi spuneam eu –, trebuie să fiu aici, prezent cu gândul, ațintindu-mi luarea-aminte numai la ceea ce fac.» Dar în zadar: gândurile mereu îmi fugeau."

În anii aceștia, în inima sa cutremurată de copil se naște un simțământ ceresc – că nu e din lumea aceasta – și o dorință tainică de a se izbăvi din acea lume a mâhnirilor și a tristeților, de a se afierosi întru totul lui Dumnezeu, de a căuta bucurie și mângâiere numai la El, Domnul cel Blând, Singurul Care-i mângâie pe cei ai Săi care pătimesc. Dumnezeul cel Viu i-a șoptit dulce sufletului care în lumea aceasta nu avea unde să-și plece capul: „Când am văzut că nici părinții, nici rudele, nici prietenii, nici restul lumii nu-mi dăruiesc altceva decât răni, ocări și durere, am hotărât singur ca de atunci să nu mai trăiesc pentru lumea aceasta, ci să-I închin Domnului acele puține zile care îmi mai rămăseseră până la moarte. Am văzut că în lume nu am pe nimeni cu adevărat al meu, fără numai pe Domnul."

Pe de altă parte, Dumnezeu i-a luminat mintea de copil pentru a pricepe că toată această viață pământească este numai slujire, și că altă viață nu este, decât numai slujirea în îndelunga-răbdare a necazurilor și a amărăciunilor: „Din copilărie am văzut că există slujire – părinții slujesc copiilor, copiii slujesc părinților –, și atunci mi-a venit gândul: dacă fiecare slujește cuiva, eu lui Dumnezeu vreau să-I slujesc, căci El este mai presus de toți. Iată, așa ne cheamă Domnul încă din pruncie..."

Deși copilăria și tinerețea timpurie i-au fost zugrăvite, prin pronia lui Dumnezeu, în culorile toamnei târzii, și nu ale primăverii înflorite, Starețul Tadei întotdeauna a vorbit cu nemăsurată dragoste despre mama sa – de la care, după spusele lui, a moștenit marea sensibilitate sufletească –, precum și despre tatăl său, care era „un om liniștit, tăcut și blând, de o bunătate nemaiîntâlnită". Până în cele din urmă zile ale vieții sale pământești a suferit mult „din pricină că l-am rănit pe tata prin gândurile mele și niciodată nu am putut să mă căiesc cum se cuvine pentru asta". De-a lungul întregii sale slujiri duhovnicești, plângându-și acest păcat din tinerețe față de tatăl său, săvârșit cu gândul, Starețul Tadei îi va învăța pe fiii săi duhovnicești despre însemnătatea covârșitoare a ascultării, cu gândul și cu fapta, a copiilor față de părinții lor trupești – căci tocmai ei sunt, „potrivit Domnului, cel mai mare bun al nostru pe pământ!" –, iar țelul vieții creștinești îl va mărturisi ca fiind „întoarcerea noastră în sânul Tatălui Ceresc, întoarcerea Fiului Risipitor din țara îndepărtată în pământul celor vii"! „Întreaga viață m-a chinuit gândul legat de rostul acestei vieți, mă întrebam unde duce această viață: oare strădiunța omului de a dobândi bogății materiale, să bea și să mănânce, oare asta este totul? Slavă Domnului, în viața Sfântului Serafim de Sarov, el lămurește că țelul vieții noastre este întoarcerea în sânul Tatălui nostru Ceresc, ca noi, oamenii de țărână, să fim precum Îngerii în Cer, care sunt ocârmuiți de Duhul Sfânt."

După absolvirea cu note mari a școlii primare – căci din pricina slăbiciunii și a nedezvoltării trupești nu a putut merge la munca câmpului –, a fost dat să învețe meșteșugul croitoriei la Petrovaț, unde a terminat Școala Comercială de Meserii. Nici în această muncă nu s-a arătat priceput și iarăși a avut multe de îndurat din pricina răutății oamenilor, ceea ce neîndoielnic i-a cauzat îmbolnăvirea de tuberculoză. (Se știe că sufletele peste măsură de simțitoare, care rabdă mult în lăuntrul lor, se îmbolnăvesc mai adesea de tuberculoză decât cele care nu sunt așa.)

LEPĂDÂND TOATE, ÎI URMEAZĂ LUI HRISTOS

În acest răstimp al existenței sale (1932), tânărul de 18 ani era pe deplin stăpânit de întrebări privind țelul vieții și, în adâncul inimii sale, încolțește gândul plecării la mănăstire. Trimite o scrisoare către Mănăstirea Gorniak, cerând să fie primit ca frate. A așteptat răspunsul – tot prin pronia lui Dumnezeu – vreme de șase luni încheiate. Ceea ce s-a petrecut între timp va avea o înrâurire hotărâtoare asupra vieții sale de mai târziu. Așteptând un răspuns de la mănăstire, Tomislav s-a îmbolnăvit grav de plămâni și a trebuit să meargă la Belgrad pentru tratament clinic. A fost tratat vreme de 47 de zile în spitalul de la Dedinie. Întrucât din pricina stării generale rele și a constituției trupești slabe starea de sănătate nu i s-a îmbunătățit deloc, s-a reunit un consiliu de medici, care a hotărât că trebuie să se înceapă de îndată o terapie complicată de pompare a aerului comprimat (combinat cu medicamente) în plămânii bolnavi. Potrivit evaluării medicale, fără aplicarea acestei terapii ar mai fi putut trăi cel mult cinci ani. Primind acest diagnostic ca pe un semn și ca pe o chemare de la Dumnezeu de a se lepăda de lumea și de viața aceasta, el alege să nu urmeze tratamentul și se încredințează în mâinile lui Dumnezeu, ieșind din spital pe răspunderea sa. Conștient fiind că în cel mult cinci ani, adică până în 1937, mai mult ca probabil va muri, tânărul Tomislav hotărăște să-și afierosească acești ultimi ani rămași din viața sa întru totul lui Dumnezeu, la o mănăstire. „Nici la dispensar nu m-am dus și nici tatălui meu nu i-am spus nimic. Am plecat la Mănăstirea Gorniak și am vorbit cu starețul mănăstirii." I-a explicat situația sa, i-a spus că nu mai are de trăit decât vreo cinci ani și că dorește să-și închine acești ani Domnului, ca monah smerit, întru pocăință și rugăciune.

Prin minunata purtare de grijă a lui Dumnezeu, la discuția lui Tomislav cu igumenul Mănăstirii Gorniak, Părintele rus Serafim – cel ce trei ani mai târziu îl va tunde în monahism –, a fost de față și „un oarecare bătrân monah rus", trimis de Dumnezeu de departe (ca oarecând lui Rastko – Sfântul Sava). Înțeleptul monah valaamit, fiind luminat de Dumnezeu, a mers a doua zi la sufletul cel însetat de Dumnezeu, spunându-i: „Am auzit aseară ce-ai vorbit cu starețul și cum vezi tu monahismul. În mănăstirile noastre nu vei putea afla nicăieri o viață călugărească așa cum îți închipui tu. În Serbia, o astfel de rânduială se găsește numai la Ruși, la Mănăstirea Milkovo. Acolo s-au adunat Rușii fugiți de la Mănăstirea Valaam din Finlanda. Acolo trebuie să te duci! Numai acolo vei putea afla ceea ce caută sufletul tău!" Astfel, Blândul Hristos l-a dus de mână pe acela care L-a căutat din toată inima încă din tinerețile sale. De la Gorniak (ctitoria Sfântului cneaz Lazăr al sârbilor), Tomislav, lepădând toate, a urmat lui Hristos la Mănăstirea Milkovo, lângă Svilainaț. Era 24 iulie 1932.

MĂNĂSTIREA MILKOVO, ÎN RAIUL HARULUI CELUI DINTÂI

La vremea aceea, în Mănăstirea Milkovo viețuiau niște monahi ruși din vestita Mănăstire Valaam, care, prigoniți de ai lor, au ajuns în Serbia. În anul 1918, insula Valaam – „Athosul Nordului" – a devenit parte a Finlandei. Astfel, Valaamul a intrat sub jurisdicția Bisericii Ortodoxe a Finlandei, care primise în 1921 noul calendar. În anul 1925, după mari lupte, autoritățile bisericești de acolo au impus Mănăstirii Valaam noul calendar, iar cei mai mulți monahi ruși, credincioși calendarului bisericesc al Bisericii Ortodoxe Ruse – anume, cel vechi –, care nu au dorit să primească această silire administrativă, au fost alungați din mănăstire în perioada 1925-1927. Un mare număr dintre acești monahi au ajuns, prin purtarea de grijă a lui Dumnezeu, în Serbia și au fost primiți și rânduiți de Biserica Serbiei prin felurite mănăstiri. Câțiva dintre acești prigoniți pentru Hristos au venit și la Mănăstirea Milkovo.

Aceștia, aflați sub povățuirea minunatului Schiarhimandrit Amvrosie Kurganov (†1933), fiu duhovnicesc al Cuviosului Amvrosie de la Optina, au adus cu ei duhul isihast al monahismului de obște al Mănăstirii Valaam. Pe acesta, Mănăstirea Valaam îl primise de la Sihăstria Optina, iar Sihăstria Optinei – acest „Rai pe pământ al vieții de obște, împodobit cu cununa stareției harice" –, cu hramul Intrării Maicii Domnului în Biserică, a înflorit ca o roadă tainică a pustiei Sfântului Munte, căci fusese întemeiată de ucenici ai ucenicilor Nevoitorului athonit Sfântul Paisie Velicicovski: Cuvioșii Lev, Macarie, Moise și Antonie. În Mănăstirea Milkovo se viețuia după tipicul aspru al Mănăstirii Valaam – slujbele erau „rusești", de multe ceasuri, se postea aspru, pravila de rugăciune era anevoioasă, se slujea în fiecare zi Sfânta Liturghie. Iar Starețul Tadei se va strădui întreaga sa viață de ieromonah să împlinească această pravilă și nevoință, slujind în fiece zi Sfânta Liturghie, chiar și în zilele de boală grea, însușindu-și cuvintele Sfântului Ioan din Kronștadt: „Când nu slujesc Sfânta Liturghie, simt că aș muri!"

În mănăstire viețuiau treizeci de călugări, îndeosebi Ruși. Igumen era vestitul Schiarhimandrit Amvrosie, pe care Tomislav, intrând în mănăstire „cu o rasă și cu o bucată de pâine în mână", l-a găsit după pătulul mănăstirii „cu mantia prinsă la brâu, călcând desculț noroiul amestecat cu pleavă". Schiarhimandritul Amvrosie era un soare viu al Mănăstirii Milkovo și nevoitor cu viață sfântă; fusese la Sihăstria Optinei în obștea Cuviosului Amvrosie, de la care a și primit tunderea în călugărie. Avea rugăciunea neîncetată și trăia neîntrerupt cu aducerea-aminte a morții. Răspândea în jur pacea și bucuria Împărăției lui Dumnezeu. După cuvintele Starețului Tadei – care până la sfârșitul vieții sale pământești a avut o dragoste înflăcărată față de povățuitorul său duhovnicesc –, „din Părintele Amvrosie izvora o dragoste nespusă și curată; el a primit de la Stareții Optinei ce era mai bun: dragostea. Nu s-a mâniat niciodată pe vreun monah ori pe vreun frate, nici măcar vreun cuvânt de ocară n-a spus cuiva. Multe a răbdat și pe toate le-a iertat. Toate grijile și necazurile I le încredința Domnului, și numai Lui I se plângea. S-a ostenit ca prin însăși pilda sa să împărtășească și obștii această virtute, și mulți au învățat de la el cum să lucreze în viața de zi cu zi această dragoste deplină și nepătimitoare."

Prin acest duh al dragostei Dumnezeiești, Starețul Amvrosie, dând pildă vie de viață creștinească, a aprins sufletul curat al fratelui Tomislav; de aceea, dragostea cea Dumnezeiască pe care a cercat-o atunci va rămâne veșnic singura măsură a vieții adevărate. Starețul Amvrosie va fi pentru Starețul Tadei pildă vie de viață sfântă, care îl va însufleți până la sfârșitul vieții: „Întotdeauna venea cel dintâi la sfânta slujbă și se așeza în scaunul de igumen. Se vedea că este copleșit de griji – pe toate le punea înaintea Domnului, fără a spune nimănui nimic. Nu a pedepsit niciodată pe nimeni. Niciodată nu a avut nici măcar un gând rău asupra cuiva, nici prin privire, nici în alt chip. Îi iubea pe toți așa cum erau și se ruga lui Dumnezeu să-i lumineze. Prin pilda sa vie ne-a învățat cel mai mult și a stăruit – prin această pildă – să-l aducă pe fiecare pe calea mântuirii."

Cele dintâi zile ale vieții de mănăstire au fost perioada celei mai mari fericiri pentru tânărul Tomislav, care era strigat acolo rusește, cu dragoste, Tomușka: „Când am venit ca frate în Mănăstirea Milkovo, părinții mi-au dat metanii și m-au învățat cum să mă rog. Și după cum mi-au arătat, așa am și făcut. M-am dăruit întru totul rugăciunii lui Iisus. Gândeam așa: «Mai am doar cinci ani de viață. Hai să nu-i irosesc în zadar, hai să-mi găsesc calea mea către Dumnezeu!»" Sănătatea trupească i s-a refăcut, mai cu seamă de la post: „Slavă Domnului, m-am însănătoșit! Dar nervii îmi erau deja zdruncinați", spunea Starețul Tadei despre zilele acelea.

Întrucât era adunat cu întreaga sa ființă asupra celor din lăuntru, dar în afară era slab trupește, adesea adormea de oboseală la ascultare. Astfel, după cum el însuși spunea, nu s-a arătat deosebit de înzestrat la nicio ascultare. A lucrat mai întâi în via mănăstirii, până când, odată, pe când dormea, hoții au furat tot. Nici igumenul, nici vreunul dintre frați nu i-au adresat cuvinte de mustrare, ci numai l-au mutat la altă ascultare: să păzească oile și caprele. Într-o altă împrejurare, pe când citea din Ceaslov, a adormit și aici de oboseală, iar oile s-au împrăștiat și au făcut pagubă în ogorul învecinat. Același lucru s-a petrecut și pe când împlinea ascultarea de paznic la vaci. În cele din urmă, a primit ascultare la trapeză și la biserică. Niciodată, nimeni din mănăstire nu l-a mustrat, nici nu i-a reproșat ceva pentru paguba pe care a pricinuit-o obștii din neluarea sa aminte. Așa era obștea rusească a Mănăstirii Milkovo. Prin dragostea a-toate-iertătoare se dobândea Cerul...

Tomislav a ajuns, așadar, fiu duhovnicesc al Starețului Amvrosie, de la care, pătrunzând în taina părinției și a înfierii duhovnicești după predanie, a deprins ascultarea cea sfântă și mântuitoare, paza minții și rugăciunea lui Iisus: „Părintele Amvrosie mi-a zis: «Orice ai face, să spui neîncetat întru sineți: Iisuse, Fiul lui Dumnezeu, miluiește-mă pe mine!» Eram copil și făceam ascultare cu toată inima. În fiecare zi îi mărturiseam părintelui meu duhovnic ce se petrecea în lăuntru-mi, în suflet, iar el mă învăța ce să fac. După o vreme am simțit că, dimpreună cu aerul pe care-l respiram, rugăciunea «intra» în inimă. Cu trecerea vremii, rugăciunea a început să se săvârșească de la sine în inimă." Astfel, tânărul frate s-a făcut smerit primitor al duhului isihast al Bisericii, împodobit cu mireasma deosebită a duhului rusesc.

Dumnezeu i-a dăruit sufletului curat și încercat în ascultare darul rugăciunii neîncetate și de sine săvârșitoare, „Harul fără de plată, negrăita stare de pace și bucurie", cum îi plăcea Starețului Tadei să spună. „Numai cei ce au primit Harul fără de plată pot cunoaște care este starea Îngerilor și a Sfinților. Știi cum erai înainte, te mâniai. Acum însă, nici urmă de mânie. Nu se află om care să te poată răni, niciun gând rău nu-ți poate face rău, căci ești îngrădit, cârmuit prin Duhul Sfânt. Acum poți pricepe starea Preasfintei Născătoare de Dumnezeu, care, din pântecele mamei și până la sfârșitul vieții sale pământești – și în veșnicie –, a petrecut în deplinătatea Harului Dumnezeiesc."

Dăruindu-se fără preget lucrării rugăciunii lui Iisus, cu toată inima și cu tot cugetul, sub mâna cercată a Starețului Amvrosie, Părintele Tadei a sporit mult în scurtă vreme și degrab a primit „Harul în dar", harul păcii și al bucuriei lăuntrice întru Duhul Sfânt; harul lucrării Împărăției lui Dumnezeu și a energiilor necreate ale lui Dumnezeu în minte și în inimă; harul curăției, al liniștirii și al luminării minții, harul lepădării sale tainice și slobozirea din robia minții, a simțurilor, a patimilor și a lumii. Văzând curăția și osârdia sa și pentru a-i arăta limpede la ce este chemat fiecare creștin, Dumnezeu l-a învrednicit încă dintru început a pregusta plinătatea cercării minții și a inimii nevoitorilor și a părinților Bisericii dăruiți cu trezvie – starea desăvârșirii luminate în Dumnezeu.

Starețul Tadei vorbește cu smerenie despre aceste zile: „În scurtă vreme, tocmai din pricina acestei depline încredințări în voia lui Dumnezeu și a doririi sincere după Dumnezeu, m-a luminat Dumnezeiescul Har, care a dat naștere în sufletul meu unei bucurii și păci negrăite. Din copilărie îmi plăcea muzica, iar când eram sub Harul lui Dumnezeu mă străduiam să-mi amintesc vreun cântec ori vreo melodie și nu puteam să-mi aduc aminte aproape nimic: rugăciunea curgea în liniște și bucurie. Ascult inima și aud înlăuntrul meu: «Doamne Iisuse Hristoase, Fiul lui Dumnezeu, miluiește-mă pe mine, păcătosul!» Încerc să-mi amintesc vreun lucru sau vreo întâmplare din trecut, dar nu pot. Gândurile toate se odihnesc într-o pace nespusă, și în întreaga mea ființă domnește o bucurie și o tânjire negrăită după Dumnezeu. Aceasta este starea Îngerilor și a Sfinților, starea viețuirii în plinătatea Harului."

Mai târziu le va vorbi adesea fiilor săi duhovnicești despre acest „Har în dar" ca despre darul cel fără de preț al lui Dumnezeu, prin care ne ocârmuiește în viața cea duhovnicească: la început, atrăgând atenția asupra țelului vieții omului – îndumnezeirea bisericească în Hristos –, iar în clipele de suferință și de deznădejde, dând mângâiere și întărire. Necercat duhovnicește, fratele Tomislav a crezut că toți călugării au acest „Har fără de plată"; abia mai târziu a priceput de ce dar preamare și nemeritat l-a învrednicit Dumnezeu, prin dragostea Sa, pregătindu-l pentru veacurile de Golgotă care au urmat, ca igumen și duhovnic: „Am crezut că toți călugării, preoții și episcopii au Harul cel fără de plată – când colo, om bun, atâția ani am petrecut până acum împreună cu preoți și călugări, și am întâlnit doar un singur călugăr la care am văzut Harul cel fără de plată! Un singur călugăr! Printre mirenii cu familie am întâlnit mai multe persoane asupra cărora se odihnește darul Harului."

În această perioadă începe și neîntrerupta și întreita nevoință a Starețului: năzuința întru pocăință după acest Har al lui Hristos – care este singura viață adevărată a omului –, viețuirea întru paza Harului atunci când îl primești de la Dumnezeu, ca și plânsul și întristarea lui Adam și a Sfântului Siluan, când acest Har se retrage: „Eu am cercetat mult ce au simțit Sfinții Părinți de-a lungul vieții lor și cum au izbutit să păstreze acest Har în dar până la sfârșitul vieții. Am înțeles că Harul poate fi păstrat numai prin nevoința de a păzi mintea adunată și liniștită în inimă prin rugăciune necurmată. De voiești să păstrezi acest Har fără de plată, trebuie să te rogi neîntrerupt lui Dumnezeu, ca prin rugăciune să înlăture gândurile cele grele și mâhnicioase din mintea ta – și astfel vei păstra pacea și bucuria pe care le simți când ești sub Har." Împărăția lui Dumnezeu este înlăuntrul nostru, dar vie și lucrătoare o dobândesc numai nevoitorii rugăciunii neîncetate și ai păzirii minții.

Merită amintit și faptul că Dumnezeu l-a învrednicit pe fratele Tomislav să se întâlnească cu ieromonahul și episcopul de mai târziu, Sfântul Ioan Maximovici, care era profesor la Seminarul Teologic din Bitola; acesta venea în timpul vacanței de vară la Mănăstirea Milkovo pentru a se întări duhovnicește și pentru a se sfătui cu nevoitorii, cu cei cercați în rugăciunea minții și în smerenie. Cei doi pliveau împreună grădina; Ieromonahului Ioan îi plăcea mai cu seamă să-i istorisească tânărului frate din *Viețile Sfinților* și din Sfinții Părinți, ale căror lucrări le cunoștea bine. Adeseori obișnuiau să se ia cu vorba la ascultare, încât iconomul, Părintele Petru, îi mustra și îi dojenea.

În mănăstire, după terminarea ascultărilor, Tomislav a învățat și limba Rusă, ceea ce i-a dat putința, încă din zilele timpurii ale călugăriei, să înceapă a citi cu sârguință – iar din când în când și a traduce![3] – din Sfinții Părinți tălmăciți din Ellină și Siriacă în Rusă. Acest lucru va avea o însemnătate hotărâtoare pentru Monahul Tadei de mai târziu, atunci când se va afla într-o împrejurare în care a fost, la vremea sa, și Sfântul Paisie Velicicovski: neputând afla un duhovnic iscusit, a găsit îndrumare duhovnicească în cugetul sobornicesc și experiența Sfinților Părinți, înfățișată în lucrările lor însuflate de Dumnezeu, în teologia și sfaturile lor.

---

3 Există 61 de pagini de manuscris în traducerea Starețului Tadei din cuvintele Sfântului Isaac Sirul. Starețului Tadei îi plăcea foarte mult să citeze din Sfântul Isaac Sirul, socotindu-l a fi un „psiholog neasemuit" și pnevmatolog al vieții duhovnicești. Despre cât de temeinic citea, cugeta și trăia Starețul Tadei cuvintele Sfântului Isaac Sirul ne mărturisesc și numeroasele însemnări orizontale și verticale „important", cu unul până la trei semne de exclamare, din textul traducerii, în locurile pe care Starețul Tadei le socotea fundamentale, precum și notele sale pe marginea textului, din care vom pomeni numai câteva: „important, important, important!!!", „cunoașterea duhovnicească", „fiii desăvârșirii", „înalta cunoaștere a neputințelor noastre", „minte, minte, minte!", „temelia fiecărui bine!", „lupta lăuntrică!", „ochi duhovnicești!", „cheia inimii!", „păzește-te de nelucrare și de trândăvie!"... Din acestea vedem că Sfântul Isaac Sirul, după Sfântul Simeon Noul Teolog, este unul dintre Sfinții Părinți care, prin gnoseologia și teologia sa trăită, a înrâurit în chip hotărâtor formarea personalității Starețului Tadei ca nevoitor și duhovnic. Pe de altă parte, acest manuscris de mare preț ne dezvăluie faptul că Starețul Tadei a înnoit și a reînnoit întru sine vechea nevoință a monahilor scribi și traducători, potrivit duhului învățăturii și predaniei Sfântului Paisie Velicicovski: „Tălmăciți și vă cârmuiți!" (n. ed. sârb)

După moartea Stareţului Amvrosie – în luna mai a anului 1933 –, când a rămas fără un duhovnic cercat, răspunsul la întrebarea „care este ţelul cel drept al vieţii creştineşti" l-a aflat în lucrările Sfinţilor Părinţi, pe care le-a citit neobosit în limba rusă. Sfinţii Părinţi, cercaţi în mântuire şi în îndumnezeire – care i-au fost ca nişte martori vii ai lui Dumnezeu Care Se întrupează şi a omului care s-a îndumnezeit, în Biserică, din plinătatea Harului Duhului Sfânt –, i-au lămurit adevăratul rost al vieţii omului pe acest pământ. Răspunsul l-a aflat în viaţa lor sfântă, prin mărturia adeverită de cuvântul lor îndumnezeit, cuvântul vieţii celei adevărate şi cercate, căreia, după cuvintele Dumnezeiescului Grigorie Palama, „nimica poate a-i sta împrotivă!" „Am vrut – spune Stareţul Tadei – să cunosc ţelul vieţii noastre aici, pe pământ. Am răsfoit lucrările Sfinţilor Părinţi şi am văzut care era starea lor lăuntrică, căci ei singuri au descris ceea ce mă interesa pe mine cel mai mult: cum s-au petrecut toate acestea cu ei, care au avut viaţă desăvârşită pe pământ, fiind proslăviţi de Dumnezeu şi aici, şi în veşnicie. Şi atunci am înţeles, ei înşişi lămureau: *desăvârşirea vieţii creştineşti este smerenia cea desăvârşită.*"[4] După cum Stareţul Tadei repeta neîncetat, Sfinţii Părinţi spun că ţelul vieţii creştineşti nu este facerea de minuni, tămăduirea bolnavilor, nici învierea morţilor, ci smerenia cea desăvârşită. În-

4 „Smerenia este o oarecare putere tainică, pe care, după săvârşirea a toată petrecerea Dumnezeiască, o primesc Sfinţii cei desăvârşiţi. Şi nu se dă puterea aceasta, fără numai singuri celor desăvârşiţi în fapta bună, prin puterea Darului, după cât este de ajuns firii celei omeneşti în hotar." (Sfântul Isaac Sirul, *Cuvinte şi învăţături*, Editura Predania, 2010, p. 112)

treaga viață și adormirea Starețului Tadei – a cărei taină a fost ascunsă de Dumnezeu în rătăcirea prin lume, în afara mănăstirii sale, înainte de moarte, pe care a primit-o cu bună voire – a fost o neîntreruptă nevoință pentru dobândirea desăvârșirii vieții creștinești: smerenia cea desăvârșită. Prin această nevoință s-a asemănat Smeritului și Blândului Hristos – Mielul, Cel ce a fost Smerit și Ascultător Tatălui până la Moartea pe Cruce. /cf. Fil. 2, 8/

Însă, așa cum se întâmplă de obicei în viață, această stare de Rai nu a putut dura mult, căci Dumnezeu – după cum lămurește Starețul Tadei – nu îngăduie sufletului neîncercat să se bucure prea mult în Harul cel fără de plată, căci omul, din pricina lipsei sale de cercare, poate folosi spre rău această stare. Starețul Amvrosie a adormit la numai un an de la venirea lui Tomislav în mănăstire, în 1933, iar tânărul frate a căzut în mare mâhnire, a pierdut rugăciunea, iar Harul lui Dumnezeu s-a îndepărtat: „A murit duhovnicul meu și mulți ani am petrecut în mari chinuri sufletești. Tristețea mi-a sfâșiat sufletul. Frica căpătată încă din copilărie mă muncea din nou." Pentru a se tămădui de tristețe și de neliniște, lua armonica și mergea în singurătate, în natură, unde cânta: „Întotdeauna am iubit muzica și aceasta îmi aducea mângâiere."

Sufletul îi era mâhnit, căci rămăsese pe pământ fără părinte duhovnicesc; a căutat mângâiere la alți duhovnici, dar sufletul său nu a putut-o afla. Și când pierduse deja orice nădejde, Dumnezeu l-a mângâiat în chip neașteptat, căci i-a pus în mâini cartea Sfântului Teofan Zăvorâtul, *Calea spre mântuire* – și în viața fratelui Tomislav s-a adeverit încă o dată experiența multor Sfinți Părinți: *„Când nu aflăm om care să ne aducă mângâiere, atunci Domnul vine să bucure sufletul și printr-o carte."* Căci cărțile creștinești, cărțile Sfinților Părinți, sunt făptuiri preschimbate, prin credința și lucrarea omului, în lăcaș Logosului Întrupat, de unde, prin scris și prin sfintele dogme și povețe, energiile lui Dumnezeu se varsă în inimile omenești și luminează mințile oamenilor.

După adormirea tânărului Stareț Amvrosie de la Milkovo, în mănăstire s-a făcut dezbinare pentru alegerea urmașului său. Din pricina tulburărilor, buna înțelegere dintre frați a pierit și obștea s-a risipit – unii la Mănăstirea Tuman, alții la Mănăstirea Kalenici; după o oarecare vreme, fratele Tomislav a plecat la Mănăstirea Gorniak. Acolo, la 10 martie 1935, a primit tunderea monahicească și numele Tadei din mâinile Igumenului Serafim, pentru ca la 1 iunie, în același an și în aceeași mănăstire, să primească și cinul de Ierodiacon.

Apoi, la scurtă vreme, a primit carte canonică de dezlegare de la Episcopul Veniamin al Branicevei, ajungând cleric al Arhiepiscopiei Belgrad-Karlovațului și viețuitor în Mănăstirea Rakovița, unde, după îndemnul Patriarhului Varnava, va termina școala de iconografie și va deprinde tainele pictării icoanelor. După terminarea școlii de iconografie nu a continuat să se preocupe de aceasta din pricina sănătății sale șubrede, neputând picta în spații închise, căci plămânilor săi nu le priau vaporii culorilor.

Dramaticul an 1937 – anul pe care doctorii i l-au prezis ca fiind al morții sale – Monahul Tadei l-a petrecut în atmosfera crizei Concordatului și a uciderii Patriarhului Varnava (prin otrăvire). La 3 februarie 1938 a fost hirotonit ieromonah în Mănăstirea Rakovița. În același an, Patriarhul Gavriil (Dojici) îl trimite la Patriarhia din Peci ca „cel mai tânăr ieromonah al mănăstirii". Acolo, Ieromonahul Tadei a întâmpinat greutăți neașteptate. Și anume, Ieromonahul Iovan Zecevici, egumenul mănăstirii din 1939 până în 1941, era, dimpreună cu alți câtiva călugări, simpatizant al comuniștilor, iar unul dintre comuniștii de frunte din Peci venea din când în când în mănăstire și-l amenința pe Starețul Tadei și pe alți călugări „înapoiați" că în ziua în care comuniștii vor ajunge la putere, pentru ei nu va mai fi loc în Patriarhia din Peci.

Acolo l-a aflat, în aprilie 1941, izbucnirea Războiului; fugind dinaintea terorii baliștilor[5] împreună cu cei patru monahi rămași la Peci, s-a întors – ca refugiat, din Metohia la Belgrad – iarăși la Mănăstirea Rakovița.

OSÂNDIREA DE DOUĂ ORI LA MOARTE

În primele săptămâni de ocupație, la Belgrad situația era foarte anevoioasă, și Ieromonahul Tadei a încercat să treacă în Eparhia Banatului[6], la Episcopul de atunci,

5 Baliștii erau membrii organizației albaneze naționaliste și anticomuniste „Balli Kombëtar" (Frontul Național), înființată în anul 1939. Din organizație făceau parte și minoritățile albaneze din Muntenegru, Serbia, Macedonia și Grecia. Programul politic al acestei organizații includea unirea teritoriilor etnice locuite de albanezi în regiune și crearea „Albaniei mari". (n. tr.)
6 Este vorba de jurisdicția Bisericii Sârbe din Banatul Sârbesc. (n. red.)

Damaschin – mai târziu, Mitropolit al Zagrebului –, căci în Banat „era pâine îndeajuns”, pe când la Belgrad aproape nimic. Este arestat în gara din Belgrad pe temeiul că aparține Clerului Bisericii Sârbe, care, după părerea ocupanților naziști, era cel dintâi și cel mai important stâlp al rezistenței duhului și istoriei sârbești, ce trebuia nimicit pentru ca poporul sârb să fie supus. Este transportat la poliția specială germană, sub învinuirea, lipsită de temei, că „ar fi fugit în Banat să organizeze celule comuniste!”, fiind, adică, unul dintre „organizatorii revoltei împotriva ocupanților”, ceea ce ar fi atras după sine o condamnare grea. Germanii l-au interogat, pentru ca, în sfârșit, să fie achitat de acuzație „datorită dovezilor insuficiente”.

Îndată după ieșirea din închisoare s-a dus în satul nașterii sale, la Mănăstirea Vitovnița. Însă nici acolo „ucigătorul de oameni dintru începuturi” nu-i dădea pace. La doar câteva zile l-a chemat comandantul regiunii și i-a cerut, ca față bisericească, „să se pună la dispoziția comandamentului”. Ieromonahul Tadei a refuzat curajos, lămurind că un preot al Bisericii nu poate face nimic fără binecuvântarea episcopului de care ține. „Au fost vremuri grele – spune Starețul Tadei mulți ani mai târziu –, când, din pricina unui singur cuvânt sau a unui ordin neîmplinit, asupra omului se putea abate umbra morții.” Starețul și-a mărturisit atunci, chiar și cu prețul vieții, credincioșia față de voia lui Dumnezeu, slujirea închinată numai lui Hristos și Bisericii, precum și o conștiință și o răspundere bisericească aparte, care izvorau din preaplinul legământ față de Dumnezeu și a deplinei întrețeseri cu Biserica – Trupul lui Hristos –, în care s-a deosebit până la sfârșitul vieții.

În 1943 germanii îl arestează din nou, de data aceasta, la Petrovaț. Îl aruncă în închisoare împreună cu doi „contrabandiști de tutun" și-l osândesc la moarte, căci îl aveau deja în evidență din pricina arestării anterioare de la Belgrad. Întins pe lavița de lemn a închisorii, Ieromonahul Tadei nu credea că va mai fi slobod: „Mă gândeam că, negreșit, nu voi mai ieși viu din închisoare. Nu mai este viață, a venit sfârșitul! Doamne, Doamne!" Și astfel, cum era muncit de cele mai negre gânduri, dintr-odată Dumnezeu l-a ridicat din deznădejde printr-o vedenie minunată: „Stăteam întins și mă gândeam: «Nu mai am scăpare!» Eram deznădăjduit. Dintr-odată, înaintea mea s-a ivit un Ostaș înalt, cu o panglică de aur, așezată cruciș pe piept. Pe cap nu avea coif, ci avea ceva, aici, peste frunte. Deasupra avea o pană deosebit de frumoasă. Uniforma era ca din fresce. Înalt, de o frumusețe neasemuită, cum nu se află alta pe pământ! Ținea în mâini un sul și mă privea. Îmi era limpede ca lumina zilei: Un Înger, mângâiere de la Domnul! A desfăcut sulul acela și mi-a zis: «Privește» – iar pe acel sul era harta Serbiei –, «să nu te înspăimânți, să nu-ți fie frică, căci va trebui încă pe mulți să mângâi și să îmbărbătezi! Ai înțeles?» M-am uitat să văd dacă și ceilalți auzeau ce spune Îngerul. Pe atunci nu știam că în lumea duhovnicească vorbim prin gânduri. Gândul lor răsună în minte. M-am întors, dar el dispăruse. Atunci am priceput că am avut o vedenie cerească, pe care Domnul mi-a trimis-o spre mângâiere și pentru a-mi face cunoscută voia Sa în lumea aceasta. Acestea se întâmplau în 1943 – prima și singura dată am văzut atunci pe viu trimisul lui Dumnezeu. Mai târziu l-am mai văzut numai în vis..."

Dumnezeu i S-a arătat în clipa cea mai grea – în fața morții –, prin Îngerul Său, și i-a descoperit calea pe care va merge, ascultarea pe care o va împlini și crucea pe care o va purta: să mângâie, să întărească și să hrănească poporul lui Dumnezeu prin Evanghelia lui Hristos, de-a lungul și de-a latul Serbiei, până la cea din urmă suflare de viață.

Trecând prin temnițele din Petrovaț și Pojarevaț, la 5 martie 1943 a fost închis de germani în Mănăstirea Voilovița, unde se afla pe atunci și Vlădica Nicolae Velimirovici. După însemnările Ieromonahului (la vremea aceea) Vasilie Kostici, care era și el surghiunit la Voilovița, Părintele Tadei a ajuns istovit, chinuit și plin de păduchi, iar mai apoi avea să slujească Sfânta Liturghie pe 13 martie, împreună cu Vlădica Nicolae și cu ceilalți întemnițați. Pe drumul Crucii prin temnițele ocupanților, Ieromonahul Tadei a împărtășit mucenicia sobornicească a Bisericii Sârbe, a preoției și a călugărilor ei în cel de-Al Doilea Război Mondial.

„PENTRU CE TE RĂZBOIEȘTI, DACĂ NU FACI ASCULTARE?"

La sfârșitul celui de-Al Doilea Război Mondial, Ieromonahul Tadei trebuia, cu binecuvântarea Mitropolitului Iosif al Skopiei –la acea vreme, locțiitor al Patriarhului Gavriil Dojici, încă internat –, să plece din Vitovnița la Patriarhia din Peci, dar a reușit cumva să-l înduplece pe Episcopul Branicevei, Veniamin, să nu-l trimită la Peci, ci la Mănăstirea Gorniak, acolo unde a primit tunderea în călugărie, „pentru a-și afla pacea și bucuria duhovnicească". A plecat spre Gorniak în 1947, unde a împlinit ascultarea de paroh al bisericii din satul Bliznak.

În 1949, Ieromonahul Tadei primește carte canonică de dezlegare și ajunge iarăși cleric al Arhiepiscopiei Belgradului și Karlovațului, fiind ridicat la cinul de Eclesiarh al Catedralei din Belgrad prin mâna Episcopului Visarion, vicar al Preafericirii Sale, pentru ca prin binecuvântarea Patriarhului Gavriil, în același an, să fie iarăși trimis la Patriarhia din Peci ca igumen. Acolo a găsit o situație gravă: clădirile mănăstirii fuseseră în mare măsură distruse și părăsite, în mănăstire aflându-se mai multe zeci de familii de refugiați, dar și un punct de comandă al partizanilor!

„Mult m-am chinuit acolo. Comuniștii mi-au pricinuit multe griji și necazuri. Ori de câte ori puteau să îngreuieze situația, aprig se mai osteneau. Dar – Slavă Domnului! – pe toate le-am biruit cu ajutorul lui Dumnezeu." În acești ani, ca duhovnic al Patriarhiei din Peci, din pricina multor ispite și poveri – și din afară, și din lăuntru –, a început din nou să fumeze (prima dată se întâmplase înainte de război, pe când se afla la Patriarhia din Peci), cu toate că din pricina nervilor slăbiți nicotina îl deranja. Mai târziu însă, după o luptă îndârjită, a reușit să se izbăvească de patima fumatului.

Lupta cu gândurile – ale cărei adâncuri tainice le-a atins încă din copilărie, dar de care s-a apucat mai cu seamă de când s-a călugărit – a început să fie din ce în ce mai aprigă și mai anevoioasă: a început să înțeleagă, din cercare, că a fi creștin înseamnă a te lupta cu gândurile fără preget și fără crutare, împotriva răului și a morții dintru sine, luptă în care nu există o linie a frontului, nici tihnă, în care vrăjmașul nu doarme și nici nu obosește: „Ca orice călugăr, mă străduiam și mă rugam lui Dumnezeu, și făceam multe metanii, rugăciuni, și mereu îmi era frică să nu mi se arate diavolul în chip de înger sau de sfânt – Domnul însă a îngăduit ca diavolul să mi se arate. Odată, am vrut să mă rog în fața unei icoane, iar el s-a așezat înaintea mea, ca lui să mă închin. Am făcut semnul crucii și L-am chemat pe Domnul, iar el mi-a spus: «Eu nu mă tem de cruce!» Continui cu rugăciunea, și el iarăși îmi zice: «Nici de rugăciune nu mă tem!» Mă tot stânjenea. M-am dus la stareț, și el mi-a zis că poate nu mă rog cu osârdie lui Dumnezeu. «Ba mă rog – am zis eu –, dar nici ziua, nici noaptea nu-mi dă pace, și se tot hlizește la mine. Ce să fac? Doamne, nu știu cum să mă izbăvesc! Nu am pace și nici tihnă.» «Dar este importantă și pocăința. Să te rogi cu căință! Dacă te vei ruga cu osârdie, din inimă, el va pleca», mi-a zis starețul." Și astfel, întocmai Nevoitorilor creștini din toate veacurile, și Ieromonahul Tadei, prin lacrimile, sudoarea și sângele sufletului său, s-a deprins cu cea mai grea dintre lupte: lupta mântuitoare împotriva duhurilor rele, vrăjmașii cei neadormiți ai mântuirii omului, lupta pentru îndumnezeire, ale cărei arme nebiruite sunt pocăința, îndelunga răbdare și smerenia.

Așa cum mulți ani mai târziu a mărturisit într-o convorbire cu un fiu duhovnicesc, în vremea aceea, din pricina imprejurărilor pomenite și a luptei duhovnicești încordate împotriva ispitelor fricii, a nevoilor și a multelor griji, „am suferit două căderi nervoase grave, încât tremuram cu întreg trupul și eram întru totul slăbit." A primit acestea ca pe o mustrare de la Dumnezeu, că trebuie să-și schimbe felul de viață și să învețe să trăiască lepădând toată grija cea multă: „Am înțeles că noi toți ne îngrijim peste măsură de noi înșine și numai omul care se lasă întru totul în voia lui Dumnezeu se poate simți ușor, bucuros și împăcat." Învățând a-i încredința pe toți ai săi – și pe cei apropiați, și pe vrăjmași – în mâinile Domnului, „Cel ce Singur este Purtător al tuturor chinurilor, grijilor și lacrimilor noastre", Starețul Tadei a purtat în următorii șase ani crucea slujirii stărețești în Patriarhia din Peci.

În 1955, cu binecuvântarea Patriarhului Vichentie, din motive de sănătate, se întoarce în Eparhia Branicevo, unde a slujit pentru câteva luni ca preot paroh în Pecian și Klenovaț. În 1956 a fost numit din nou eclesiarh al Patriarhiei din Peci, unde a rămas un an, iar în 1957 – după unsprezece ani petrecuți în Patriarhia din Peci (trei ca frate, opt ca igumen) –, se întoarce din nou în Mitropolia Belgradului și Karlovațului. Primește, în același an, carte canonică pentru a trece în Eparhia Branicevo, unde este numit stareț al Mănăstirii Gorniak. Afară de această slujire, a mai fost preot slujitor în două parohii, care numărau împreună șase sate. A rămas smerit cleric al Eparhiei Branicevei până la fericita sa adormire, în anul 2003.

Ani îndelungați arzând de un dor asemenea celui al Sfântului Sava după Sfântul Munte – acest preadorit liman al tuturor sufletelor însetate de curăție, smerenie și îndumnezeire –, Ieromonahul Tadei a râvnit cu înflăcărare să meargă pentru totdeauna în Hilandarul ctitorit de Sfântul Sava și Sfântul Simeon, și acolo să afle mântuire sufletului său, pace și liniște pentru o viață de pocăință și rugăciune. De aceea, în anii '50 ai secolului XX, a cerut în câteva rânduri binecuvântare de la episcopul său pentru a pleca în Sfântul Munte. Abia în 1959 i-a fost primită rugămintea și, astfel, cu binecuvântare și având documentele trebuincioase, pleacă spre Hilandar. Acolo însă nu avea să fie primit tocmai bine, și asta cel mai probabil din două pricini: mai întâi pentru că în Hilandar a ajuns fiind deja călugăr – iar cei de acolo primeau mai degrabă începători – și, pe lângă asta, pentru că fusese igumen în câteva mănăstiri cu viață de obște – iar în acea vreme în Hilandar era viață idioritmică și nici nu erau încă pregătiți să revină la viața de obște.

Pe când se afla la Hilandar – unde va petrece două luni –, Igumenul Tadei a avut o vedenie minunată, în care i s-a arătat Preasfânta Născătoare de Dumnezeu: „La Hilandar nu m-am simțit tocmai bine. Mă gândeam că e din pricina inimii. Într-o noapte visez: noi, călugării aghioriți, mergeam să luăm binecuvântarea Preasfintei Maici, Igumena Sfântului Munte. Frații îi sărutau mâna. Când am trecut și eu, i-am cerut să facă rugăciune la Fiul său și Dumnezeul nostru ca să-mi ierte păcatele pe care le săvârșisem în viață. Așteptam să aud ce-mi va spune. «De acestea nu purta grijă! Însă nervii îți sunt foarte slăbiți.» Așa mi-a spus Preasfânta Maică... A trebuit să mă întorc."

Așa cum și Arhimandritul Iovan Radosavlievici scrie despre viața Starețului Tadei, după două luni, cei de la Hilandar i-au spus că trebuie să se întoarcă în Serbia, căci îi expirase viza de ședere în Sfântul Munte, și astfel l-au trimis în Serbia. Însă părerea sa era că toate acestea i s-au întâmplat pentru că venise în Sfântul Munte ca igumen, și nu ca frate.

Cu toate că își dorea mai mult ca orice să rămână în Sfântul Munte, nu i-a fost dat, căci, precum a înțeles mai târziu, aceasta era voia sa, și nu voia lui Dumnezeu, pe care – după cum el însuși mărturisește – neîncetat o uita, și care i-a fost limpede descoperită în anul 1943, în închisoarea din Petrovaț: „Trebuie să mângâi și să întărești încă multe suflete!" Dumnezeu l-a întors în patrie, ca acolo să-și săvârșească ascultarea vieții sale – slujirea spre mântuirea sufletelor chinuite și strâmtorate ale micului popor sârb: „Dar din inimă vă spun că mi-a fost foarte greu. Și de n-ar fi ridicat Însuși Dumnezeu această povară, n-aș fi izbutit de unul singur. Atâta vreme cât Domnul dăruiește viață și sănătate, trebuie să se facă ascultare."

La întoarcerea din Hilandar a slujit o vreme ca paroh în satul Bistrița, apoi și ca stareț al Mănăstirii Tuman. În anul 1962 a fost mutat, la cerere, de la Mănăstirea Tuman la stăreția Mănăstirii Vitovnița, unde rămâne zece ani, slujind ca paroh la Vlașki Dol. Din această perioadă a rămas vrednică de pomenire următoarea întâmplare: odată, din pricina luptei cu gândurile, se afla sub o atât de mare povară lăuntrică, încât a trebuit să se întoarcă degrabă la Mănăstirea Vitovnița, unde „s-a spovedit la unul dintre ucenicii săi", după care s-a învrednicit de încă o vedenie cerească. Și anume, trezindu-se în chilie întru totul liniștit și odihnit, aude în minte un glas ceresc, care-i spune: „Așa trebuie să te odihnești: nu lua peste măsură asupra ta grijile lumii acesteia, ci păzește-ți pacea și petrece în Dumnezeu." Într-o altă împrejurare, când – după propriile-i cuvinte –, din pricina istovitoarei lupte duhovnicești, s-a aflat într-o stare grea, „am avut o vedenie în care Mântuitorul mi-a zis să cad înaintea Preasfintei Sale Maici, căci ea este ocrotitoarea și acoperământul monahilor."

Starețul Tadei, ca monah care încă din tinerețile sale a tânjit cu întreaga sa ființă după viețuirea în liniștire, zeci de ani a fugit de îndatorirea de igumen, la care niciodată nu a râvnit; făcând ascultare de episcop, slujirea de igumen a fost adevărata ispită a vieții sale: „Stăreția mi-a fost întotdeauna cu anevoie de purtat, căci trebuia să-mi alipesc gândurile de grija pentru lucrurile materiale, pentru obște și pentru oameni... Pentru aceasta, mereu am pierdut acel Har primit în dar, pe care l-am dobândit pe când eram frate. Asta a dat naștere unor noi necazuri în viața mea duhovnicească, care miau năruit sănătatea trupească. A apărut o boală nouă: mi-au slăbit nervii."

Din această pricină, la sfatul medicului, a băut pentru o vreme leacuri de liniștire a nervilor, care nu i-au ajutat cu nimic, căci boala sa trupească și sufletească pe care o avea era urmarea războiului duhovnicesc al gândurilor, la care Starețul lua parte, și în care omul nu se luptă „împrotiva cărnii și a sângelui, ci împrotiva duhurilor vicleniei celor din văzduhuri". /cf. Ef. 6, 12/ De aceea, Starețul, de-a lungul mai multor zeci de ani ai slujirii sale ca igumen, neputând purta sarcina acestei slujiri – mai înainte de toate, din pricina faptului că nu a putut răbda dezbinările și războiul gândurilor dintre frați și, mai presus de toate, din pricină că a râvnit cu întreaga sa ființă după un chip de viață retras, în liniștire, o viață de pază a cugetului și de rugăciune curată –, a cerut în mai multe rânduri să fie slobozit din slujirea stăreției. Dumnezeu însă l-a întors întotdeauna în slujba de stareț și în mijlocul poporului celui binecredincios. „Eu – spune Starețul Tadei – sunt de cincizeci de ani stareț, dar ce necazuri și pătimiri n-am întâmpinat! De opt ori am înaintat cerere să fiu slobozit din îndatorirea de stareț. Domnul de multe ori m-a mustrat să nu mai fac asta – să nu mai caut să fiu slobozit. Cel mai greu mi-a fost faptul că frații nu se aflau în bună înțelegere și de aceea îmi dădeam demisia. Domnul, însă, altfel le rânduiește. El n-a voit să fie după cum am vrut eu – ca frații să fie în bună înțelegere, și atunci să-mi fie și mie bine ca stareț... De aceea, Domnul m-a slobozit, și iarăși m-a așezat ca stareț. Vlădica îmi spune: «Ce-i cu tine, de nu vrei să fii stareț? Oamenii caută să fie stareți!»"

Această luptă cu Dumnezeu a durat zeci de ani la rând. „Dacă noi înșine nu ne smerim, Dumnezeu nu va înceta să ne smerească", va spune Starețul Tadei în cei din urmă ani ai vieții sale pământești despre fuga sa de ascultare și despre crucea pe care Domnul i-a rânduit-o. Sau, după cum grăiește un vechi proverb bizantin: „De te prigonește împăratul, fugi! De te aleargă Dumnezeu, așază-te!" Pe minunatul doritor de

Dumnezeu „l-a prigonit" cu blândețe pe acea tainică hartă a Serbiei din vedenia Îngerului, în 1943, astfel încât Dumnezeu să-l „prindă" pentru desăvârșirea Sa, pentru *smerenia desăvârșită în slujirea tuturor.*

În anul 1972, Igumenul Tadei a fost în cele din urmă pensionat, apoi pus la stăreția Mănăstirii Pokainița, lângă Velika Plana. În aceste zile anevoioase duhovnicește, Starețul Tadei se va învrednici din nou de o minunată vedenie în vis – mustrare de la Dumnezeu: „Când am fost pus stareț la Mănăstirea Pokainița, cu greu am primit această slujire. Mă temeam de primejdiile și ispitele pe care mi le pregătiseră locuitorii din jurul mănăstirii. Atunci Domnul Însuși mi S-a înfățișat în vis și m-a mustrat. M-am aflat dintr-odată înaintea Lui. L-am privit: Domnul purta epitrahil, omofor peste umeri, iar peste omofor încă un epitrahil. Stăteam înaintea Lui, și El mi-a zis: «Pentru ce te lupți, atâta vreme cât nu ai ascultare? Oriunde ai fost pus stareț, M-ai supărat cu rugăminți să fii slobozit. Să nu mai faci asta! Să știi că orice ascultare care-ți este încredințată trebuie împlinită cu deplină dragoste, cu râvnă și cu credincioșie, neluând aminte la pizma și la răutatea care ne înconjoară și ne năpădește.» Apoi a făcut de trei ori semnul Sfintei Cruci asupra mea, de la cap până la picioare, a luat epitrahilul și l-a pus peste mine: «Aceasta este crucea pe care trebuie s-o duci!»" Asta a fost crucea stăreției harice – crucea spovedaniei care nu se cruță pe sine, a tămăduirii duhovnicești și a călăuzirii sufletelor însetate și flămânde de Dumnezeul cel Viu. Cum să nu rabde robul crucea pe care Însuși cel Răstignit i-a dat-o?!

„TREBUIE ÎNCĂ PE MULȚI SĂ MÂNGÂI ȘI SĂ ÎNTĂREȘTI"

„Până în anul 1975 am stat cu desăvârșire tăinuit. Nu ieșeam nicăieri în societate, nimic nu mă interesa – atât din pricina sănătății, cât și din pricina firii", spune Starețul Tadei. Dar în 1975, după mai multe cereri venite din partea fratelui Draghi – misionar plin de râvnă al Frăției Bogomoliților[7] – și cu binecuvântarea episcopului său, Starețul Tadei, silit de dragostea față de Biserică, începe să meargă la adunările bogomoliților din Krnievo: „Acolo m-am întâlnit întâia dată cu Vlădica Atanasie (Iéftici), care era pe atunci ieromonah și profesor la Facultatea de Teologie. Pe vremea aceea îmi era încă plin capul de cuvintele Sfinților Părinți. M-au întrebat una, alta, eu am răspuns și am văzut că le plăcea ce le spuneam. Aici am cunoscut mulți bogomoliți, care au aflat în cuvintele Sfinților Părinți răspunsuri la numeroasele întrebări care-i chinuiau. De atunci oamenii au început să vină tot mai mult la mine, iar acum vin fără de contenire."

Ascultând glasul Bisericii, Starețul Tadei a început o nouă nevoință neobosită, fără crutare de sine și cu răstignire de sine – slujirea de duhovnic –, care va dura până la adormirea sa: „A trebuit să vorbesc mult, și din pricina aceasta a început să mă chinuie gâtul. Am căpătat o durere la gât, care nici

---

7 Mișcarea Bogomoliților sau a Rugătorilor către Dumnezeu – comunitate ortodoxă întemeiată cu scopul reînvierii vieții duhovnicești în sânul poporului sârb. O lucrare de seamă în sânul acestei comunități a avut-o Sfântul Nicolae al Ohridei și Jicei. (n. tr.)

până astăzi nu s-a vindecat întru totul. Uneori îmi este foarte greu – abia de pot sluji Sfânta Liturghie..."

În 1978, la Vitovnița, Starețul Tadei i-a istorisit unei fiice duhovnicești următoarea vedenie, pe care a avut-o în vis: „Abia adormisem, și visez că am murit. Doi tineri m-au dus într-o cameră și m-au așezat între ei, pe un piedestal. În dreapta mea erau judecătorii. În partea din spate a încăperii, în stânga, cineva mă acuza. Spunea: «Iată, acesta este cel cu care nu se poate înțelege nimeni!» Tăceam uimit! Apoi, dintr-un ungher, s-a auzit încă de două ori acest glas, rostind același lucru. Tânărul din partea dreaptă mi-a zis: «Nu te teme! Nu este adevărat că tu nu poți trăi cu nimeni. Tu cu tine însuți nu poți trăi!»"

Cu tine însuți, de fapt, nu poți trăi! – asta este povața lui Dumnezeu pentru fiecare creștin, căci doar împreună cu ceilalți putem trăi. Atunci, cuvântul Sfântului Isaac Sirul – pe care l-a repetat sieși și fiilor săi duhovnicești de nenumărate ori –, „Împacă-te cu tine însuți, și Cerul și pământul se vor împăca cu tine!", a devenit singura sa cale către mântuire. Blândul Stareț s-a așezat pe pământ, ca Blândul Mântuitor să-l ajungă, sau, precum spun cuvintele Evangheliei: „Când erai mai tânăr, te încingeai pre tine însuți și umblai unde voiai; iar după ce vei îmbătrâni, vei întinde mâinile tale, și altul te va încinge și te va duce unde tu nu voiești." /Io. 21, 18/

„Va trebui încă pe mulți să mângâi și să întărești." Și cât de mult a mângâiat și a întărit acele sute și mii de săraci, orfani, nebăgați în seamă, împovărați, neînțeleși, bolnavi – cei mai umili –, care, însetați după Dumnezeu, veneau la el?! Întocmai precum Domnul l-a mângâiat și l-a întărit pe el: îi lămurea că ei sunt cei iubiți ai lui Dumnezeu, că tocmai pe ei îi iubește Hristos cel mai mult pe lume, că tocmai pentru ei – așa cum sunt – Domnul a primit pătimirea pe Cruce, că tot cel ce suferă este acela pe care Domnul îl iubește cel mai mult, pentru care este pregătit să fie din nou și din nou răstignit: „După ce vom cunoaște că suntem iubiți de Dumnezeu? Iată după ce: dacă Domnul ne poartă prin multe necazuri, prin multe pătimiri, prin multe suferințe și prin multe dureri de inimă, înseamnă că Îi suntem dragi lui Dumnezeu", spunea Starețul de la Vitovnița.

Închinătorul V., după o convorbire duhovnicească cu Starețul Tadei în Mănăstirea Tuman în 1978, a notat următoarele: „M-a câștigat deja doar după câteva cuvinte pe care le-a rostit în grădina mănăstirii în care viețuiește... Mic de statură, uscățiv, cu barba și părul sure, cu ochi blânzi și căprui, vorbea cu smerenie și seninătate. Se simțea că este plinit cu ceva ce răzbătea din el și atrăgea oamenii, făcându-i să-și dorească să fie în apropierea lui."

„ATUNCI CÂND NE RUGĂM PENTRU CINEVA, LUĂM CHINUL LUI ASUPRA NOASTRĂ"

După Mănăstirea Pokainița, a fost rânduit ca duhovnic al Mănăstirii Tuman, iar apoi, în 1981, din nou la stăreția Mănăstirii Vitovnița. De la începutul anilor 1980, către Starețul Tadei de la Mănăstirea Vitovnița au început să curgă pâraie, apoi râulețe și, în cele din urmă, adevărate râuri de credincioși și râvnitori ai pocăinței, însetați după mângâierea și leacurile lui Dumnezeu, din toate orașele Serbiei, dar mai cu seamă din Belgrad. Veneau pe jos, cu mașinile, cu autobuzele... Unde este apă curată, acolo se zoresc cei necurați și însetați! Convorbiri, învățături, povețe, citirea de rugăciuni – durau cu ceasurile, până în adâncul nopții, spre dimineață. Spovedaniile se revărsau în Sfânta Liturghie, slujbele de Vecernie – în convorbirile de noapte. O taină mare se petrecea în liniștea Vitovniței: taina mântuirii lumii în mic! Prin Stareț, cei osteniți și împovărați, cu cuvintele lor de tânguire ca și cu niște mâini întinse, „osteneau pe Cel Neostenit"! Hristos-Mielul ia pe umeri mieii Săi cei mâhniți și-i duce la Tatăl Său și al lor!

Din pricină că vorbea îndelung și lua asupră-și chinurile străine și poverile de viață și de gânduri – adesea până la deplina istovire de puteri –, sănătatea Starețului a început să se șubrezească, iar pacea gândurilor să se năruiască, căci „atunci când ne rugăm pentru cineva, luăm asupra noastră chinul aceluia." Au trebuit să treacă câțiva ani de pătimire lăuntrică pentru a se deprinde cum să se slobozească în cuget de poverile gândurilor oamenilor care se spovedeau la el și pe care, pentru dragostea lui Hristos, le lua asupra sa ca un bun Păstor și de sine jertfitor: „Trebuie să ne deprindem a ne elibera în cuget. Când suntem împovărați, trebuie să chemăm pe Domnul, să lăsăm Domnului și grijile noastre, și ale semenilor noștri. Toate necazurile mele și toate necazurile tuturor semenilor mei care se plâng de ceva, de slăbiciunile lor, toate acestea le încredințez Domnului și Preasfintei Sale Maici, ca ei să le dezlege. Și Ei le dezleagă – Domnul și Preasfânta Sa Maică. Dar ce pot face eu, dacă nici pe mine însumi nu mă pot rândui?! Cum să-l ajut atunci pe altul?

Starețul a pătimit ani îndelungați de încordare nervoasă, dar – asemenea altor nevoitori – le-a răbdat pe toate ca pe un leac de la Dumnezeu, încât și mai desăvârșit să se smerească înaintea Lui și să se facă ascultător și mai desăvârșit al voii lui Dumnezeu. Din pricina poverilor peste măsură, tensiunea sângelui a început să-i crească. Mai întâi a început să-i slăbească inima, căci inima cea îndurătoare pătimește cel mai mult din pricina primirii și a purtării suferinței altora. Dacă vrei să-i iubești pe oamenii lui Dumnezeu, atunci va trebui să-ți verși sângele sufletului tău pentru ei, precum Dumnezeu pe Cruce.

În 1992 a suferit primul infarct, iar în 1996 al doilea. „Am avut două atacuri de cord", spunea cu un oarecare prilej Starețul Tadei, „din pricină că vorbeam prea mult, căci trebuia să stau de vorbă cu oamenii. În urmă cu cinci ani am avut un atac de cord pe partea dreaptă – am crezut că s-a isprăvit. De când mi-am revenit, nu mai am putere să vorbesc, însă am putere să slujesc, am putere să cânt. Ar trebui să tac, să-mi petrec viața în tăcere, în nevorbire – dar ce poți face dacă oamenii vin cu toate grijile și necazurile lor?! Înainte, niciodată n-am avut tensiune. Dacă îl ascult pe om cu necazurile sale, atunci ele trec și asupra mea, și din pricina aceasta tensiunea mea este mare. Nu vreau să iau medicamente – căci iată că se poate trăi și așa!"

Credincioșii și cei ce se pocăiesc se zoresc către Stareț, la Mănăstirea Vitovnița, ca la o bolniță mângâietoare și ca la un loc de îmbărbătare al Bisericii lui Dumnezeu. Iar el îi întâmpină pe fiecare cu aceeași dragoste și atenție nemărginită, și vorbește cu ei ori în mica bucătărie a mănăstirii – când este frig –, ori în fața Bisericii Adormirii Maicii Domnului, sub umbrarul de viță de vie: „Vin să-și spună necazul, să schimbăm gânduri. Multora le este mai ușor după aceea. Iar eu trebuie să vorbesc în fiecare zi. Și din oțel de mi-ar fi plămânii, tot ar avea de suferit! Toate aceste necazuri au înrâurire asupra omului. Mă întreabă de toate, iar eu nu știu, nu știu să mă descurc cu oamenii. Până anul trecut nici n-am simțit bătrânețea. Acum mi-am pierdut puterea, nu mai pot vorbi mult. Iar faptul că ei vin, pare că așa trebuie să fie... În ultimele două luni, însă, încerc grele pătimiri sufletești. Nici în război n-am avut parte de așa ceva! Trebuie, deci, să trec și prin asta..."

Starețul învață în cuvinte simple și, înainte de toate, prin chipul său plin de bucurie și de Har, prin pacea sa lăuntrică și a gândurilor: „Nu trebuie să spunem nimic, nici să vorbim, dar simțim că ne este foarte plăcut în prezența unei ființe înțelegătoare, care este smerită, blândă, plină de dragoste și de bunătate. Nu e nevoie să fie rostit niciun cuvânt, dar neîncetat radiază ceva, ca și cum am fi înghețat și am fi ajuns într-un loc plăcut și cald, într-un loc care răspândește căldură și ne încălzește. Iată, vedeți ce înseamnă gândurile bune, dorințele bune pline de dragoste și de bunătate?!", spunea Starețul despre omul smerit. De fapt, așa a venit către el poporul cel binecredincios al Bisericii, înghețat duhovnicește, pentru a se încălzi de la Soarele cel din lăuntru al Împărăției Cerurilor, pe razele păcii și ale bucuriei întru Duhul Sfânt pe care Starețul le răspândea.

Starețul Tadei vorbea asemenea Sfinților Părinți, cu cuget smerit și judecată simplă în lucrurile de zi cu zi – bisericești și duhovnicești. „Să iubiți lucrurile mici și să tânjiți spre cele smerite și simple. Iar când sufletul se va maturiza, Dumnezeu îi va dărui pace lăuntrică. Domnul privește către voi și Îi place că tânjiți după pacea Lui. Până când sufletul va fi copt pentru Domnul, îi va da doar din când în când să vadă că El este pretutindeni și că pe toate le plinește – toată lumea, toată făptura. Atunci sufletul este pe deplin bucuros. Atunci el dobândește totul. Dar mai apoi Domnul se ascunde din nou de noi, ca să tânjim după El și să-L căutăm cu toată inima." Întotdeauna cu părintească și înțeleaptă trezvie, era bun față de cei neputincioși și împovărați, aspru cu cei ce voiau să se desăvârșească în dragostea lui Hristos și cel mai aspru cu sine.

Avea darul ceresc al luării asupra sa a chinurilor gândurilor, a necazurilor și a mâhnirilor altora. Tot cel ce se apropia de el în chip neprefăcut, ca de un părinte duhovnicesc și doctor al sufletelor, ieșea cu sufletul ușurat și cu gândurile împăcate, plin de lucrarea tămăduitoare a Harului lui Dumnezeu, care vindecă prin duhovnic neputințele oamenilor.

Pentru Stareț, în viața duhovnicească „totul este important, nu este nimic care să fie lipsit de însemnătate". Orice nevoie – privită chiar și din afară –, cea mai neînsemnată nevoie a omului „mic" (evanghelic – căci Evanghelia este plină de astfel de oameni mici!), era, pentru Stareț, cea mai de însemnătate, căci știa că în aceasta, în chinurile acelea, se hotărăște mântuirea sufletului, cel mai de preț pentru care a murit și a înviat Hristos. Omul acela era cel mai important pentru el, întrucât era cel mai important pentru Dumnezeul cel Viu.

Pe creștinii care veneau în Vitovnița îi povățuia neobosit întru adevărul – uitat și trecut cu vederea în vremea noastră – al experienței de veacuri a Bisericii, că omul este ființă cu putere cugetătoare, că cele mai multe gânduri care îl chinuie pe om din lăuntrul său nu sunt deloc ale sale, ci sunt de la diavol, că omul are libertate și putere de la Dumnezeu să alunge orice gând-îndemn; apoi că de gândurile cu care se îndeletnicește omul în cugetul și în inima sa depinde întru totul viața omului, căci gândurile sunt puteri care, din minte, pătrund toată ființa omenească și hotărăsc starea lui: „Totul aici, pe Pământ – tot ce este bun, dar și tot ce este rău –, totul izvorăște din gânduri. Cum ne sunt gândurile cu care ne îndeletnicim, așa ne este și viața: dacă gândurile noastre sunt pierzătoare, atunci nu avem nici pace, nici liniște; dacă gândurile noastre sunt pașnice, blânde, smerite, liniștite, și întru noi este pace. Asta se răsfrânge din noi și înrâurește sistemul nervos al fiecărei ființe – fie cugetătoare, fie animale, fie plante. Noi suntem un astfel de aparat cugetător, care emite dintru sine gândurile, prin care înrâurim toate ființele cugetătoare, lumea animalelor și a plantelor. Și toți așteaptă de la noi pace, mângâiere, dragoste, atenție și respect."

NU EU, CI DOMNUL...

Poporul venea cu pătimirile, durerile și îndoielile sale, iar Starețul le răspundea – nu de la sine însuși și nu după mintea sa, ci ceea ce îi grăia Dumnezeu: „Oamenii vin la mine cu întrebări nerostite, dar Dumnezeu știe ce le trebuie. Nu eu... Ei cred că eu sunt cel ce le răspund gândurilor lor. Însă Domnul le răspunde, nu eu.... Nu eu, ci Domnul..." – acesta a fost chipul, adeverit și pecetluit prin veacuri de către mulți Sfinți, prin care Starețul Tadei a slujit vreme de zeci de ani la mântuirea miilor și miilor de suflete, care, însetate fiind de Hristos și de Împărăția lui Dumnezeu, veneau către el, căutând prin el ajutor și izbăvire de la Biserica cea de viață dătătoare.

Când s-a auzit în Biserică că Dumnezeu l-a dăruit cu darul înainte-vederii, pentru a apăra sufletele firave ale fiilor săi duhovnicești de ispitele idolatriei față de un om – măcar că era și duhovnic –, Starețul glumea pe seama sa, zâmbind: „Da, uite așa mă așez la fereastră și văd totul..."[8]

Printre nenumăratele suflete care alergau la Stareț și căutau la el ajutor, mângâiere și povață, se aflau și dintre cei care se apropiau într-un chip nesănătos, magic (căci de toate este cu putință să ne apropiem în chip magic și idolatru – și de nevoință, și de Sfintele Taine, și de Scriptură, și de teologie, chiar și de Biserică, ba chiar și de Dumnezeu!), alții din atașament sentimental față de el, alții din neștiință duhovnicească, iar alții cu gânduri viclene. Starețul se împotrivea cu hotărâre acestora – și mult s-a mai mâhnit și a pătimit sufletește din pricina unor întâmplări și fapte ale celor ce se înfățișau

8 În limba sârbă, cuvântul *înainte-văzător* este *prozorljv*, cuvânt în alcătuirea căruia apare cuvântul *prozor* (*fereastră*). (n. tr.)

drept „ucenici" ai săi –, învățându-i pe credincioși că „trebuie să-L iubim mai întâi pe Dumnezeu, și abia apoi rudele și semenii noștri. Nu trebuie să fim idoli unii altora, căci aceasta este voia Domnului." Acestei ispitiri au fost supuși și stareții cei de demult și cei din vremea noastră, peste tot în lumea creștină, căci oamenii sunt întotdeauna gata să se închine mai degrabă făpturii, decât Făcătorului. Ocrotind adevărul stăreției încredințate de Dumnezeu, Starețul spunea: „Pacea cugetului este cea care dăruiește smerenie tuturor stareților noștri înțelepți, cărunți și sfinți, care nu îngăduie oamenilor să li se adreseze ca unor dumnezei și ca unor idoli. Aceasta este marea deosebire între duhovnicii drepți de odinioară și nou-formații «văzători» de astăzi!"

Și printre cei care veneau la Vitovnița erau unii cu gânduri necurate, și plecau de acolo fără a se folosi, cu același gol cu care și veneau, despre care însuși Starețul mărturisește: „Odată, un scriitor din Belgrad a venit cu taxiul să mă vadă, căci a auzit că sunt văzător cu duhul. A venit să vadă dacă va avea succes în profesia sa. I-am zis că nu sunt ghicitor... În cele din urmă, acest scriitor a plecat și a zis că a greșit că a venit la mine. El venise din interese pur materiale: să afle dacă va avea succes și folos material din operele pe care le scrie."

Oamenilor care veneau la el și așteptau minuni într-o clipă de convorbire, Starețul le explica, blând ca o mamă: „Voi veniți cu necazuri; și eu am multe necazuri – Domnul ne mângâie pe toți dimpreună. Eu mă plâng vouă, voi vă plângeți mie; și apoi e bine... Domnul ne mângâie!"

Un fiu duhovnicesc al Starețului dă mărturie despre metoda duhovnicească folosită de acesta în discuțiile cu credincioșii: „Adeseori, dacă îi puneam vreo întrebare Părintelui Tadei, îmi răspundea pe scurt, după care spunea: «Despre asta a scris cutare și cutare părinte. Să mergem să aducem cartea și să citim?» Firește că primeam bucuros, și el degrabă răsfoia cartea și citea fragmentele care se potriveau, apoi vorbea și de la sine. Nu am întâlnit om care să se descurce mai cu ușurință prin aceste cărți."

Un alt credincios mărturisește despre trezvia filocalică pe care Starețul Tadei o arăta în timpul convorbirilor duhovnicești cu credincioșii: „La întrebările mele directe, Starețul Tadei nu răspundea niciodată de-a dreptul, ci prin povețe potrivite din *Viețile Sfinților,* care este, de bună seamă, singura cale dreaptă și după predanie."

În 1986, închinătorul M. a descoperit că Starețul, pe lângă toate celelalte obișnuite nevoințe călugărești (privegheri, post, metanii...), la cei 80 de ani ai săi, se ostenea cu o nevoință și mai mare – prin care și Sfântul Ioan Maximovici era cunoscut – și anume, nevoința de a nu se odihni pe pat, nici măcar pentru a dormi. Venind la chilia Starețului să-i ceară binecuvântare pentru o lucrare în pădurea mănăstirii, închinătorul l-a văzut pe Stareț cum stătea în patul său cu capul plecat spre piept, cu spatele rezemat de perete, dând trupului doar puțină odihnă. Ținând fără cruțare legământul călugăresc al neagonisirii și neavuției, neavând nimic al său, nici măcar lucruri personale, Starețul avea în noul conac al mănăstirii o chilie cu ușa de sticlă, astfel încât oricine putea vedea înăuntrul chiliei sale.

În 1987, închinătorul V. scria despre Stareț: „Părintele Tadei are 73 de ani; nu observ nicio schimbare la el: blând, bucuros, același cu toți, primitor, iubitor de oaspeți, înfrânat – într-un cuvânt: *creștin*, așa cum ne închipuim că s-ar cuveni să fie."

Un lucru însemnat este și faptul că, în același an, Starețul i-a istorisit aceluiași credincios că a avut un vis în care se vedea într-o biserică mare, sărutând icoanele: „Înaintea Icoanei Domnului S-a arătat Însuși Hristos, plângând. La întrebarea de ce plânge, Iisus i-a răspuns că din pricina oamenilor care răspund răului cu rău." Omul lui Dumnezeu care plângea din pricina suferinței fiilor săi duhovnicești, a poporului său, a tuturor oamenilor și popoarelor, a întregii lumi și a universului, a întregii făpturi, rugătorul de la Vitovnița pentru întreaga lume, s-a învrednicit a-L vedea pe Dumnezeu plângând – Hristos cel Blând din Vithania, prin ale Cărui lacrimi, noi toți, Lazări morți, înviem. Fiind părtaș, ca unul cu cercare, la taina acestor lacrimi vărsate pentru viața lumii, Starețul de la Vitovnița mărturisea blând și părintește înaintea fiilor săi duhovnicești: „Eu nu știam până acum, însă văd acum că sunt vinovat pentru toate – și cât de vinovat sunt pentru toate! Mai înainte mă minunam cum se socoteau Sfinții Părinți cei mai răi dintre toți oamenii..."

Cu vederea harică ațintită spre taina Dumnezeiască a toate câte ființează și spre tainica mărturisire a întregii făpturi către Ziditor, dar și spre înfricoșata taină a relei întrebuințări a zidirii de către oameni, Starețul Tadei, în acei ani, astfel le grăia celor ce veneau la Vitovnița: „Tot mai mult se strică și se stinge viața... Asta nu mai e nicio taină! Până acum câțiva zeci de ani, când ningea pe lună plină, se adunau mulți iepuri. Lăsau urme circulare pe zăpada așternută în luminișuri, se alergau ici și colo, făceau tumbe... se jucau... se bucurau! Bucuria vieții! Animalele au bucuria vieții. Noi le tulburăm și le stricăm această bucurie. Ele au bucuria vieții, pe când noi avem de toate – și niciodată nu suntem mulțumiți! Ele nu se îngrijorează, nu pregătesc hambarele pentru grâu, și Domnul tot le hrănește! Ronțăie puțin din crengi, găsesc pe ici, pe colo sălașuri și dorm. Ele Îi sunt recunoscătoare lui Dumnezeu, iar noi nu..."

În anul 1998, Starețul Tadei vine în Belgrad și ține un cuvânt memorabil în sala plină de oameni a cinematografului Șumadia: *Despre pacea și bucuria Împărăției lui Dumnezeu, ca cea mai mare bogăție a omului*. Despre această predică, care va fi de mai multe ori difuzată pe mai multe posturi de televiziune, ca una dintre cele mai însemnate întâmplări duhovnicești din Belgradul acelor ani grei, unul dintre participanți scrie: „Și, cu adevărat, în acel 31 ianuarie 1998 a fost o mare înghesuială în amfiteatrul Universității Populare din Banovo Brdo. Oamenii veneau în valuri și era limpede că nu se va putea intra nici măcar în hol. Mulți jurnaliști ai unor televiziuni nici n-au putut intra. Toți așteptau să se întâmple o minune și Domnul să Se milostivească de ei ca să-l vadă și să-l audă pe Starețul Tadei, care, după multele stăruințe ale parohului Bisericii Sfântul Gheorghe din Banovo Brdo, a primit să vină și să împlinească dorința multora de a ține un cuvânt de folos. Și minunea s-a și petrecut! Cu viteza fulgerului s-a răspândit vestea că directorul cinematografului Șumadia din vecinătate a hotărât să renunțe la proiecția din acea seară și să pună sala la dispoziție. Starețul Tadei, cu chipul curat și serios, dar blând, a urcat pe scenă însoțit de preot, s-a așezat, a închis ochii și s-a adâncit în rugăciune. Poporul, care a umplut nu numai locurile, balconul și lojele, dar și toate spațiile și orice colțișor liber din sala mare, nu a trebuit să fie rugat să păstreze liniștea, căci toate simțurile s-au ascuțit și orice murmur s-a potolit în așteptarea ca Sfântul Stareț să-și înceapă cuvântul..."

Arhimandritul Iovan Radosavlievici scria: „Poporul din acele părți (Vitovnița), dar și de mai departe, îl cinstesc ca pe un duhovnic cu adevărat mare, un călugăr rugător și nevoitor. Mulți belgrădeni sunt încântați de cuvintele și de sfaturile sale, care puteau fi auzite și la televizor, iar chipul său de Stareț cărunt și înduhovnicit, înzestrat cu blândețe, putea fi văzut cum strălucește de pace și de bucurie duhovnicească. Acest fel de duhovnici întruchipează Harul lui Dumnezeu pentru vremurile de acum."

Odată, Starețul Tadei, aflându-se la masă cu un om evlavios din Belgrad, s-a întâmplat să-i rămână în barbă câteva fărâmituri de pâine și, când s-au ridicat, acel om i-a spus Părintelui că ar trebui să scuture fărâmiturile, ca să nu vadă vreun oaspete și să râdă de el. Starețul doar a zâmbit și a zis cu smerenie: „Este păcat să se arunce fărâmiturile, căci ar putea să le mănânce păsările." Apoi s-a așezat pe o bancă, și-a dat capul pe spate și a chemat o vrăbiuță dintr-un copac apropiat: „Vino, vrăbiuță, să mănânci!" Și acel om a văzut cu ochii săi că pe barba Părintelui s-a așezat vrăbiuța și a mâncat până la ultima fărâmitură.

STAREȚUL ȘI PĂSĂRILE

În ultimii ani ai vieții sale, încins fiind de alții și dus unde nu-i era voia /cf. Io. 21, 18/ – care, într-un tainic înțeles biblic, se potrivește oricărui ucenic și prieten adevărat al lui Hristos /cf. Io. 15, 14/ –, dar de bunăvoie și ținând seamă de libertatea sa de creștin, primind această înstrăinare în afara mănăstirii și eparhiei sale, mutându-se dintr-un loc în altul – ca unul ce dintru început și până la sfârșitul vieții pământești, asemenea Domnului său, n-a avut aici nici cetate, nici așternut –, în 1998, a petrecut vreme de câteva luni în mănăstirile din Mitropolia Muntenegrului, ca să-și găsească în cele din urmă sălaș în Bacika Palanka, la familia Grubor, unde va rămâne până la adormirea sa.

În noiembrie 2001, într-o convorbire cu fiii săi duhovnicești din Belgrad, cu toate că avea deja sănătatea șubredă, dar plinit cu seninătatea Împărăției lui Dumnezeu, cu vocea tremurândă și mai mult în șoaptă, avea să rostească cuvinte ce pot fi socotite drept un fel de testament: „Toți Sfinții Părinți care au trăit o viață bineplăcută și liniștită, toți spun că desăvârșirea vieții creștinești este smerenia cea desăvârșită. Așadar, răbdarea este cea mai trebuincioasă în viață. A răbda și a ierta totul. Dacă ne îndeletnicim cu gânduri și dorințe bune, aceste gânduri ne dau pace și bucurie încă din această viață, dar mai cu seamă în veșnicie, și atunci vedem că nu este moarte, că moartea este biruită – Domnul a biruit moartea și ne-a dăruit viață veșnică!"

În Bacika Palanka, Starețul Tadei, care se afla bolnav la pat, va fi vizitat în anul 2002 de către Mitropolitul Amfilohie al Muntenegrului, cu gândul de a-și lua rămas bun și de a-i da cinstirea cuvenită ca unuia dintre cei mai smeriți călugări ai Serbiei veacului al XX-lea.

După un atac cerebral și o suferință îndelungată – desăvârșindu-se, prin cumplitele neputințe pricinuite de boală, în dragoste, ascultare și smerenie –, Starețul Tadei a adormit întru Domnul în noaptea de 13 spre 14 Aprilie 2003, la Bacika Palanka. Astfel, în ziua prăznuirii pe stil vechi a Sfintei Maria Egipteanca, cea desăvârșită întru pocăință și ascultare, blândul Stareț de la Vitovnița a urcat pe scara ascultării de-o viață față de Hristos și de Biserică către țelul – Împărăția Cerurilor – pentru care a trăit întreaga viață.

Este îngropat la Mănăstirea Vitovnița, lângă biserica mănăstirii, fără multă zarvă, cu o cruce în mână – rob al Celui Răstignit –, întocmai cum a și trăit: smerit, așa cum se cuvine celui ce întreaga sa viață a fugit de slava și da laudele oamenilor.

L-au însoțit cu rugăciuni șoptite monahii din mai multe mănăstiri, împreună-nevoitorii săi și, cu lacrimi line, fiii săi duhovnicești, veniți din toate părțile Serbiei pentru cea mai de pe urmă sărutare, pentru a se tângui că au rămas fără părinte pe pământ și pentru a se bucura cu mâhnire cerească că au dobândit rugător neadormit în Ceruri. Și așa cum adesea s-a întâmplat de-a lungul istoriei cu cei pe care-i vor cinsti veacurile viitoare, dar nu și acest veac al nostru necredincios, la Mănăstirea Vitovnița, nu cei mari și mai de seamă ai lumii acesteia și-au luat rămas bun de la unul dintre cei mai luminați Stareți al Bisericii Sârbe din veacul al XX-lea, ci cei mici ai lui Hristos – cei din urmă în lumea aceasta –, soborul evanghelicesc, cu veselă mâhnire, și păsările.

După cum mărturisesc unii dintre cei care au fost de față, așa cum s-a petrecut și cu alte suflete fericite – Sfântul Cuthbert al Lindisfarnei[9], Sfântul Gherasim de la Iordan, Sfântul Serafim din Sarov, care au răspândit dragostea lui Dumnezeu peste toată făptura cea cuvântătoare și necuvântătoare, peste toate cele vii și moarte – în timpul înmormântării Starețului Tadei, păsări felurite și neobișnuite s-au adunat în jurul „celui al lor" (adică a păcii lui Dumnezeu care sălășluia într-însul), prohodindu-i adormirea cu cântul lor.[10] Au venit cele dragi lui Dumnezeu să-l conducă pe Starețul lor, care atât de mult le-a iubit, încât vorbea despre ele astfel: „Păsările aduc mulțumită lui Dumnezeu, iar noi nu. Păsările Îl slavoslovesc neîncetat pe Dumnezeu. Încep să cânte dis-de-dimineață, la ora trei, și până la ora nouă nu mai contenesc. La nouă se odihnesc puțin, și abia apoi pleacă să caute mâncare, căci trebuie să-și hrănească puii... După care iarăși cântă. Pe ele nimeni nu le silește să cânte – ele doar cântă. De le ascultă

9 Călugăr anglo-saxon și episcop în regatul Northumbriei (634-†687), unul dintre cei mai însemnați Sfinți ai insulelor Britanice. Biserica îl prăznuiește pe 20 martie. (n. tr.)

10 Un episod asemănător s-a întâmplat și la îngroparea Sfântului Ioan Iacob de la Neamț, viețuitor în pustia Hozevei, din 7 august 1960, după cum ne încredințează martorii oculari. (n. red.)

cineva ori nu, ele tot cântă... Iar noi – încruntați, cu nasul pe sus: nu avem chef de cântat, nu avem chef de nimic. Trebuie să luăm pildă de la păsări: întotdeauna sunt vesele. Iar noi? Nouă mereu nu ne convine câte ceva. Și ce ne deranjează, de fapt? La drept vorbind, nimic. Nu-i așa, dragii mei?!"

BLÂND MĂRTURISITOR AL BLÂNDULUI MÂNTUITOR

Slujirea duhovnicească a Starețului Tadei de la Vitovnița pentru mântuirea poporului celui dreptcredincios a fost, mai întâi de toate, o deplină mărturie de duhovnicie – liturgică și de nevoință – a Bisericii, care nu este nimic altceva decât Duhul Sfânt, Cel ce lucrează în Trupul lui Hristos (Biserica) prin puterile cele nezidite (curățitoare, luminătoare și îndumnezeitoare) pentru curățirea, luminarea și sfințirea tuturor celor ce râvnesc spre aceasta cu toată viața lor. Duhovnicul, cu binecuvântarea Bisericii, îl îndrumă pe om către Hristos, spre întrețeserea în Trupul lui Hristos, ca ducând o viață de nevoință și luând parte la Sfintele Taine ale Bisericii, să se tămăduiască de cădere, de moarte și de stricăciune. Așadar, nu duhovnicul tămăduiește, ci Duhul Sfânt, prin puterea lui Dumnezeu, care este izvor nezidit și descoperit în Persoana lui Iisus Hristos, Mântuitorul Întrupat. Omul poate să se tămăduiască duhovnicește, să se curățească, să se lumineze, să se mântuiască și să se îndumnezeiască numai prin lucrarea Dumnezeului celui Viu – Sfânta Treime. Dar Dumnezeu nu poate face aceasta fără împreună-lucrarea omului – această tainică împreună-lucrare este miezul vieții bisericești ortodoxe.

Starețul Tadei avea experiența celor trei trepte ale desăvârșirii patristice întru nevoință la școala Harului Duhului Sfânt, despre care vorbește predania Bisericii – îndeosebi Sfântul Maxim Mărturisitorul: *curățirea de patimi* (filosofia practică), *luminarea minții și a inimii* (contemplarea firească) și *sfințirea*, adică *părtășia vie cu Sfânta Treime, îndrumătoare spre cunoașterea lui Dumnezeu* (teologia mistică). Acestea au fost cunoscute din cercare de către cei ce s-au întâlnit cu Starețul Tadei, au vorbit cu el, s-au spovedit la el și au primit din mâna sa Sfânta Împărtășanie. Din cele mai smerite cuvinte ale Starețului, când vorbește la persoana a treia despre părtășia cu lumea Îngerilor și a Sfinților, descoperim că Starețul a trăit și cea mai înaltă dintre „tainicele trepte ale celor desăvârșiți duhovnicește, a acelora care pentru aceasta sunt teologi (cuvântători de Dumnezeu) ai Bisericii", în care, după cuvintele Mitropolitului Ierothei Vlahos, „omul îndumnezeit se împreunează cu Puterile cele Îngerești; se învrednicește de vederea Luminii celei Nezidite; prin Duhul Sfânt i se descoperă adâncurile lui Dumnezeu și primește puterea cea nezidită a lui Dumnezeu. Acestui om i se descoperă multe taine ale *Sfintelor Scripturi*, care sunt ascunse celorlalți oameni..."[11]

Străbătând această întreită cale a mântuirii, după predanie, tămăduindu-se în cuget și în inimă, făcându-se părtaș la

---

11 Mitropolitul Ierothei Vlahos, *Boala și tămăduirea sufletului în tradiția ortodoxă*, Editura Sophia, 2011, p. 38.

predania Bisericii – el însuși predanie vie și lucrătoare –, Starețul Tadei a dobândit de la Dumnezeu în dar crucea, ca pentru Biserică, prin multa sa dragoste, să-și lumineze întreaga persoană și să tămăduiască duhovnicește și pe alții, precum toți adevărații trăitori în liniștire. Toți aceștia – după cum spune în alt loc Mitropolitul Ierothei Vlahos –, „prin curățirea propriilor inimi și tămăduirea duhovnicească a persoanei (ipostasului), se fac izvor de mare mângâiere pentru neamul omenesc, căci reînnoirea duhovnicească a unei singure persoane are o însemnătate hotărâtoare pentru întregul cosmos."

Starețul Tadei, prin întreaga sa viață, s-a întrețesut în purtarea de grijă a lui Hristos și în lucrarea mântuirii din Biserică – cea tămăduitoare, mântuitoare și sfințitoare – făcându-se un blând împreună-lucrător și mărturisitor al Blândului Mântuitor în sânul neamului sârbesc, în una dintre cele mai grele vremuri din istoria Serbiei (1914-2003). Este o perioadă în care poporul nostru a trecut prin dezastrul duhovnicesc și istoric a două războaie mondiale, al unui război civil, prin ocupația comunistă de jumătate de veac a țării, între 1991-1995 prin războaiele din Kraina, Bosnia și Herțegovina, războiul NATO și al Apusului împotriva poporului sârb din 1999, ocuparea provinciei Kosovo și Metohia, precum și cei dintâi ani ai „tranziției" anticreștine globalizante... În acest „ceas al întunericului", întins peste un întreg veac de războaie și nenorociri, Starețul de la Vitovnița a căutat pacea și bucuria Împărăției, și a mărturisit despre pacea și bucuria Împărăției. Prin aceasta, el a înnoit în persoana și în viața sa alegerea muceniciei pentru „Împărăția lui Dumnezeu, care este pace și bucurie întru Duhul Sfânt" /cf. Rom. 14, 17/, aici și acum, sălășluindu-se în șuvoiul de nevoință și de pace al obârșiei Sfântului Sava sau al Legământului Bisericesc din Kosovo (liturgic și de nevoință).

Dumnezeul cel Viu l-a ridicat pe Starețul Tadei de la Vitovnița în sânul mult-pătimitoarei Biserici a Serbiei, în sânul poporului, ca pe unul dintre cei mai mari Stareți purtători de duh ai veacului XX. Și-a început viața călugărească încă dinainte de cel de-Al Doilea Război Mondial, ca fiu duhovnicesc al Starețului Amvrosie de la Milkovo, ucenic la rândul său al Starețului Amvrosie de la Optina, de la care a învățat tainele ascultării, ale pazei minții, ale rugăciunii lui Iisus și ale dragostei împreună-pătimitoare pentru toți și pentru toate.

De la Sfinții Părinți ai Bisericii – lucrătorii cei adevărați ai mântuirii și îndumnezeirii în Hristos – a învățat țelul vieții omenești, care este „dobândirea smereniei depline ca desăvârșire a vieții creștinești".

Îngemănând întru persoana sa duhul ascultării îndumnezeitoare față de părintele duhovnicesc – după rânduiala Părinților de la Mănăstirile Optina și Valaam –, cu duhul de rugăciune al Postnicilor de la Gorniak și Tuman, ce-și au obârșia în Cuvioșii isihaști din Sinai, cu care mâna lui Dumnezeu a împodobit Serbia medievală, Starețul Tadei, prin slujirea sa duhovnicească de mai multe zeci de ani, a întruchipat trăirea Predaniei, a stăreției purtătoare de Har.

Slujitor neobosit al Dumnezeieștii Liturghii, rugător neostenit al rugăciunii lui Iisus, duhovnic și doctor neistovit a mii și mii de suflete credincioase, Starețul Tadei de la Vitovnița a trăit între sârbii lui Hristos prin duhovnicia filocalică a părinților trezvitori și a întărit, prin experiența vieții sale, cele spuse de Sfântul Serafim din Sarov: „Dobândește Duhul Sfânt, și mii în jurul tău se vor mântui."

Liniștit și blând, asemenea Domnului său, „Mielul care ia asupră-și păcatele lumii", Starețul Tadei de la Vitovnița – mărturisitor blând al Blândului Mântuitor –, în căutarea liniștii și bucuriei Împărăției Cerurilor, a trecut prin valea pătimirilor și lacrimilor sârbilor din veacul al XX-lea ca un bun Păstor, care, luând asupra sa poverile și neputințele celor înfometați și însetați după Dumnezeul cel Viu, îmbrăcat în Harul lui Dumnezeu, a purtat rănile neamului său ca pe ale sale către Hristos Mântuitorul, Unul Iubitorul de oameni, Dumnezeu cel Unul, Care varsă lacrimi. /cf. Io. 11, 35/

Matei Arsenievici

CAPITOLUL II

CALEA CĂLUGĂREASCĂ A STAREȚULUI TADEI

Este oare bucurie mai mare pentru un credincios decât aceea de a vedea și de a auzi un om duhovnicesc, care a intrat pe tărâmul unei viețuiri înalte și se adapă din cunoaștere de pe trepte mai înalte ale realității? Întreaga lui viață este de la Domnul Hristos și de aceea toată este Hristos-viață, și cugetul lui este Hristos-cuget, și simțirea lui este Hristos-simțire. Toate ale sale sunt mai întâi ale lui Hristos, și apoi ale lui. Într-însul, parcă nu este el, ci toate și întru toate este Domnul Hristos.

Trăind prin Hristos, el săvârșește faptele lui Hristos, căci prin El se face nu numai puternic, ci și atotputernic: „Toate le pot întru Hristos, Cel ce mă întărește." /Fil. 4, 13/ Într-însul se înfăptuiește limpede adevărul Celui Atotadevărat, căci cei ce cred în El vor face faptele Sale – și mai mari decât acestea vor face: „Amin, amin grăiesc vouă, cela ce crede întru Mine, lucrurile carile Eu fac și acela va face; și mai mari decât acestea va face; că Eu la Tatăl Meu merg." /Io. 14, 12/

Toate cele spuse le putem afla – într-o măsură mai mare sau mai mică – și în sufletul iubitor de Dumnezeu al Arhimandritului Tadei de la Mănăstirea Vitovnița, care din inimă ne-a dăruit câteva clipe din timpul său ceresc-pământesc și ne-a răspuns la câteva întrebări:[12]

Părinte Arhimandrit, spuneți-ne, ce v-a îndemnat să vă hotărâți pentru viața călugărească și cum a trecut vremea din ziua în care ați pășit în mănăstire și până astăzi?

Părintele Tadei/ În tinerețe, pe când aveam 15-16 ani, am răcit puternic. Am făcut aprindere a pleurei și pneumonie, și a trebuit să fiu internat în spital. După trei luni și jumătate de tratament în spital, starea mea nu s-a îmbunătățit. Eu am fost întotdeauna vegetarian – nu am putut mânca deloc grăsimi, mâncare prăjită, nici măcar lapte sau ouă –, și din această pricină boala de plămâni a fost foarte grea pentru mine. S-a reunit și un consiliu de medici ca să-mi cerceteze boala. După ce s-au sfătuit, au hotărât să mă supună unui tip anume de terapie – cu pneumotorax. Aceasta însemnă pomparea oxigenului amestecat cu diferite medicamente în amândoi plămânii. De la cei care au fost supuși acestui tip de terapie am aflat că este foarte grea, că nici cei puternici fizic nu au putut-o suporta, așa încât le-am zis doctorilor: „Dacă aveți un alt mijloc, bine, dacă nu, eu nu mă supun la terapie!" Aceștia s-au supărat pe mine: „Tu, să ne spui nouă cum să te vindecăm?! Mâine să vii în secția pentru tuberculoși să faci prima ședință de terapie!"

12 Interviu luat de Vasilie Monahul.

„Ei bine – am gândit eu –, cu greu o să mă mai vedeți mâine.” Întreb: „Cât am să mai trăiesc fără terapia asta a voastră?” O doctoriță mi-a zis: „Dacă vrei să asculți de sfatul nostru, te poți însănătoși, dacă nu, vei mai trăi cel mult cinci ani!” „Așadar – am gândit –, nu sunteți siguri de însănătoșirea mea prin această terapie...” M-am împăcat cu situația mea, și am hotărât atunci ca în acești cinci ani să Îi slujesc lui Dumnezeu. Dar a apărut o nouă problemă: părinții mei nu au fost de acord cu hotărârea luată.

Hotărârea mea lăuntrică nu-mi dădea pace, astfel încât, împotriva voii părinților, am plecat la Mănăstirea Gorniak. Am ajuns acolo la ceasul Vecerniei, chiar în vreme ce Starețul ieșea din biserică, după slujbă. M-a primit, iar în discuția cu el l-am înștiințat despre hotărârea de a-mi închina viața slujirii lui Dumnezeu și i-am explicat cum înțeleg eu viața călugărească. Cu noi se mai afla un alt monah, Rus. Nu-mi mai amintesc ce i-am spus Starețului, dar a doua zi, înainte de slujbă, văd cum acel monah duce prescură, vin și apă la biserică. Intră el în biserică, și eu imediat după el. El ducea vinul, apa și prescura în Sfântul Altar, iar eu am rămas în urmă ca să sărut icoana de pe scaunul împărătesc. Când a ieșit din altar, mi-a zis: „Am auzit aseară ce i-ai spus Starețului și cum vezi tu călugăria. Așa cum o înțelegi tu, nu o vei găsi nicăieri în mănăstirile noastre. O astfel de rânduială există numai la Ruși, la Mănăstirea Milkovo. Acolo s-au adunat Rușii care au fugit de la Mănăstirea Valaam, din Finlanda.”

În 1924, Mănăstirea Valaam a trecut sub ocupația Finlandei. Aceasta se afla sub jurisdicția Patriarhiei Constantinopolei, astfel că mănăstirea a trebuit să primească noul calendar. Monahii care nu au vrut să primească noul calendar au fost izgoniți, iar când s-au organizat, au căutat să fie primiți de o altă Patriarhie. Au depus cerere la Biserica Sârbă, care i-a primit și i-a rânduit pe la mănăstiri. Astfel au ajuns monahii ruși și la Mănăstirea Milkovo, și aici au introdus pravila după care trăiau în Mănăstirea Valaam.

„Trebuie să mergi acolo!" mi-a spus călugărul. „Numai acolo vei găsi ceea ce caută sufletul tău." „Vor vrea să mă primească?" l-am întrebat. „Vor vrea!" Și astfel am mers la Mănăstirea Milkovo.

La poarta mănăstirii am întâlnit un frate și l-am întrebat: „Starețul este aici?" „Este." „Vrei să mă duci la el?" Și m-a dus după pătul. Aici îl văd pe stareț cu rasa prinsă la brâu: se descălțase și călca cu picioarele noroi amestecat cu pleavă. M-a privit și mi-a zis: „Așa, deci..., vrei să fii călugăr?" „Vreau!" răspund eu. (Sfântă era viața Arhimandritului Amvrosie!) „Atunci, bine! spuse el. Uite: eu pregătesc baia pentru obște." Baia era o încăpere închisă, cu un suport pentru un cazan, în jurul căruia se aflau plăci de piatră. Sub cazan și pietre ardea focul. Când apa fierbea în clocot și plăcile de piatră se înroșeau, atunci un călugăr lua apă din cazan și o vărsa pe plăcile de piatră înroșite. Astfel, întreaga încăpere se umplea cu abur. Am îndurat cu greu aburul acela, căci aveam plămânii slabi. A trebuit să mă plec la podea, unde nu era abur.

„Du-l pe fratele să se întremeze puțin și dă-i o chilie să se odihnească nițel, căci diseară va fi priveghere, și el nu este deprins cu slujbele noastre îndelungate", spuse Părintele Arhimandrit Amvrosie. Și fratele m-a dus la chilie ca să mă odihnesc. Seara, la șase, a început priveghererea, și a durat până la unsprezece. În fiecare zi se slujea Sfânta Liturghie și se citea toată pravila. Când a venit ziua de luni, Părintele Arhimandrit m-a chemat și m-a întrebat: „Îți e pe plac viața noastră? Vrei să rămâi la noi?" „Îmi este pe plac!" „Ei bine, vrei să rămâi?" „Vreau!" M-am înțeles cu Părintele Pavel, care păzea via – Părintele Pavel era bosniac, om bătrân, avea în jur de 70 de ani. În tinerețe fusese în America și trăise acolo multă vreme, dar s-a înapoiat și a venit la Mănăstirea Gorniak, unde s-a călugărit. „La vie se află o clădire. Acolo doarme el. Vei merge tu să păzești via, iar Părintele Pavel va coborî în mănăstire să ajute obștea, căci este un monah încercat." Și uite așa am rămas la Mănăstirea Milkovo.

Atâta vreme cât a trăit Părintele Amvrosie, totul a fost bine. După ce a trecut la Domnul, obștea a început să se tulbure. Ieromonahul Luca și Părintele Teofan au întocmit un înscris al obștii, pe care l-au semnat Părintele Antonie, Părintele Serafim, Părintele Roman și bătrânul Marko. Cu acest înscris au mers la Vlădică și i-au spus că obștea l-a ales pe el [pe Părintele Antonie] stareț, iar Vlădica l-a așezat ca stareț. Chiar în această vreme, Episcopul Ioan al Branicevei a fost mutat în Eparhia Nișului, și a fost numit un alt Episcop, Veniamin, care nu era întocmai informat cu privire la starea cea dinlăuntru a obștii. Părintele Antonie, monah – acum arhiepiscop în Biserica Rusă de peste Granițe din America –, mă întreabă: „Pe cine crezi că trebuie să alegem stareț?" Eu îi răspund:

„Părintele Arhimandrit Amvrosie a zis că Părintele Isachie trebuie să fie stareț."

Părintele Isachie fusese împreună cu Arhimandritul Amvrosie frate în pustia Optinei, pe lângă Starețul Amvrosie de la Optina. Pustia Optinei a fost răsadnița duhovnicească din care s-au răsădit mlădițe pe cuprinsul întregii Rusii. Duhovnicii care s-au desăvârșit aici erau vestiți prin viețuirea și învățăturile pe care le dădeau fiilor lor duhovnicești. Optina își are începutul atunci când vestitul Stareț Sfântul Paisie Velicikovski și ucenicii săi au trecut din Sfântul Munte Athos în Moldova și au întemeiat mănăstiri cu rânduială de viețuire athonită. Atunci Nemții au vrut să facă acolo Uniație [cu Roma]. Sub această apăsare și din dorința de a-și păstra viața duhovnicească, ucenicii Starețului Paisie au plecat în pustia Optinei, și acolo și-au continuat desăvârșirea duhovnicească. Astfel, au făcut din pustia Optinei răsadniță duhovnicească.

Când eu și Părintele Antonie am înțeles că obștea începe să se destrame și că viața duhovnicească se stinge în Mănăstirea Milkovo, ne-am hotărât să plecăm la Mănăstirea Gorniak, unde era stareț Părintele Serafim, și el Rus, din Polonia. El venise în țara noastră să studieze teologia, și s-a închinoviat aici, la Mănăstirea Gorniak. După ce a terminat Facultatea de Teologie, a ajuns stareț – el m-a închinoviat la Gorniak. După doi ani mi-a propus să mă hirotonească, iar după hirotonie, la cererea Patriarhului Varnava, m-a trimis la Mănăstirea Rakovița, la școala de iconografie. Acolo l-am întâlnit pe Părintele Naum, care fusese cu mine la Mănăstirea Milkovo și care m-a înscris la școala de iconografie. El a plecat de la Mănăstirea

Milkovo la Mănăstirea Manasia[13], și de aici Vlădica Veniamin – tot la cererea Patriarhului Varnava – l-a trimis la Mănăstirea Rakovița. Chiar în acea vreme, partizanii Concordatului l-au otrăvit pe Patriarhul Varnava[14]. I-a urmat Patriarhul Gavriil, care nu a înțeles rostul școlii de iconografie de la Mănăstirea Rakovița, și aceasta s-a stins grabnic.

Patriarhia din Peci[15] căuta pe atunci un ieromonah pentru a sluji acolo. Iar eu, fiind cel mai tânăr ieromonah din Mănăstirea Rakovița, am fost mutat de Patriarhul Gavriil la Patriarhia din Peci. Aici m-a prins războiul. Noi, cei patru sârbi, ne-am întors la Belgrad, iar starețul, care era muntenegrean, după ce a adunat banii mănăstirii, a pornit către Muntenegru. La Rugova l-au prins șiptarii[16] și l-au jefuit. Apoi l-au adus înapoi la Patriarhia din Peci, și de acolo l-au trimis în surghiun în Albania, unde a și murit. La Patriarhie a rămas Părintele Polihronie, un bătrân monah rus de la Mănăstirea Valaam. Ceva mai târziu, când Iugoslavia s-a destrămat, a venit alături de el un alt ieromonah bătrân, Părintele Elisei, care era paroh, de loc din Peci și cleric din Eparhia Prizrenului.

La Belgrad m-a arestat poliția specială și m-a dus la închisoare, unde se aflau deja Patriarhul Gavriil și Vlădica Nicolae

13 A fost întemeiată de despotul Ștefan Lazarevici, purtând hramul Sfintei Treimi. A fost ridicată și pictată între 1407 și 1418. Până în anul 1843, aici s-a slujit în limba română. (n. tr.)

14 În 1937, guvernul sârb a semnat un Concordat cu Vaticanul. Ca urmare a acestui fapt, Biserica Ortodoxă Sârbă i-a afurisit pe toți miniștrii guvernului sârb. (n. tr.)

15 În provincia Kosovo și Metohia. (n. tr.)

16 Albanezii. (n. tr.)

Velimirovici al Jicei. Pe mine m-au învinuit că sunt unul dintre acei organizatori ai revoltei împotriva ocupanților[17], lucru care atrăgea după sine o pedeapsă foarte grea. Însă am aflat de la un tânăr patriot sârb, care lucra la poliție, că urma să fiu eliberat în curând din închisoare. Așa s-a și întâmplat.

M-au eliberat, și am reușit să ajung cumva până la Mănăstirea Vitovnița. Aici am fost chemat după câteva zile de comandantul regiunii, care dorea ca eu, ca față bisericească, să mă pun la dispoziția comandamentului. L-am refuzat și i-am răspuns că nu pot face aceasta fără ascultare de la Vlădica.

Au fost vremuri grele, când din pricina unui singur cuvânt sau a unui ordin nerespectat se putea abate asupra omului umbra morții. Atunci am hotărât să încerc să găsesc un loc mai liniștit pentru rugăciune și viață duhovnicească. Am mers până la Petrovaț, și aici, pe când cumpăram timbre fiscale pentru permisul de călătorie, m-au arestat Nemții a doua oară. M-au pus în celulă cu doi contrabandiști de tutun. Era acolo o bancă îngustă, lungă de aproximativ doi metri și jumătate. Stăteam întins pe ea și mă gândeam că sigur nu voi mai ieși viu din închisoare: „Nu mai e viață, a venit sfârșitul! Dumnezeule, Dumnezeule...!" Căzusem în deznădejde. Cei doi vorbeau despre grijile lor... Și cum ședeam eu întins și muncit de aceste gânduri, într-o clipă s-a arătat îna-

17 În timpul celui de-Al Doilea Război Mondial, pe teritoriul Serbiei s-au aflat trupe de ocupație germane, italiene, bulgare, albaneze, maghiare, croate, musulmane și slovene; deși puterile Axei au propus României anexarea teritoriilor din răsăritul Serbiei, locuite în majoritate de români, guvernul român nu a acceptat această ofertă. (n. tr.)

intea mea un Ostaș înalt, cu o panglică aurită, așezată cruciș pe piept, și cu un coif cu pene pe cap. În mâini ținea un sul și mă privea. A desfăcut sulul și mi-a zis: „Privește! Ia aminte la hartă!" și mi-a arătat pe hartă Serbia. „Să nu-ți fie teamă, căci încă pe mulți va trebui să mângâi și să întărești. Ai priceput?", îmi zise, privindu-mă. Iar eu mă gândeam dacă nu cumva aud și cei doi ceea ce îmi spunea el. Nu înțelegeam atunci că în lumea duhovnicească nu se vorbește ca în această lume – așa cum vorbește om cu om –, ci gândurile se fac auzite în minte. Nu auzim cu urechea trupească, ci cuvintele răsună în minte. Și când am privit, am văzut că cei doi contrabandiști vorbeau între ei. I-am întrebat dacă au văzut sau au auzit ceva. Ei au privit unul la celălalt și au spus că nu. Dar când m-am întors, acela nu mai era. Am priceput atunci că am avut o vedenie cerească, pe care mi-a trimis-o Domnul spre mângâiere și spre vestirea voii Sale cu mine, în lumea aceasta. Și cât de frumos era înveșmântat, precum Arhanghelii din fresce! Nu există pe pământ om atât de frumos! Acela era un Înger...

După eliberare, oamenii din Peci s-au plâns de Ieromonahul Elisei, care se afla în Patriarhia din Peci, că bea mult și că nu se îngrijește deloc de casă. Întrucât Patriarhul Gavriil era încă închis, a fost înlocuit de Mitropolitul Iosif, care m-a chemat de la Vitovnița la Belgrad și mi-a propus să merg la Peci, la cârmuirea mănăstirii. Știam – fusesem la Peci înainte de război – că acolo stăpânesc acum comuniștii și că eu nu le sunt tocmai pe plac. Chiar și pe atunci îmi spuneau: „Când va veni vremea noastră, nu vei mai fi călugăr, ci îți vom da o altă slujbă." Din această pricină, l-am rugat pe mitropolit să-l trimită acolo pe Starețul Mănăstirii Sfântului Ioanichie din Devici. Arhimandritul acesta fusese Stareț la Vuian în timpul lui Alexandru Obrenovici. Pentru că satul soției lui Alexandru, Draga, se află în apropiere de Vuian, ei veneau des la mănăstire. Înainte de a fi loviți de nenorocire, aceștia au dăruit mănăstirii mult aur, pentru refacerea ei.[18] Între timp au murit, și el și-a însușit aurul, cumpărându-și case în diferite localități cu băi. Cum îl cunoșteam și îi știam dorința de a merge în Kosmet[19], i l-am propus Mitropolitului Iosif, și acesta l-a așezat la stăreția Patriarhiei din Peci.

Apoi, când Patriarhul Gavriil s-a întors din închisoare, iar el îl cunoștea pe acest arhimandrit și nu-l iubea din această pricină – a însușirii banilor –, l-a chemat de îndată la Belgrad și l-a întrebat: „Cine te-a pus pe tine la stăreția Peciului?" El i-a răspuns: „Mitropolitul Iosif." „Tu nu ești potrivit pentru Patriarhie. Caută-ți un alt loc!" Bineînțeles, patriarhul i-a întrebat apoi pe ceilalți arhierei dacă nu au pe cineva care să mai fi fost la Patriarhia din Peci. Și atunci m-a propus, cred, Vlădica Simeon Zlokovici, care mă cunoștea de la Rakovița. Zice: „Tadei de la Gorniak! El a fost la Patriarhia din Peci, și acum este în Eparhia Branicevo." Patriarhul i-a cerut Vlădicăi Veniamin să mă

18 Alexandru Obrenovici (1876-1903) – Rege al Serbiei între 1893-1903. Nenorocirea de care pomenește Părintele Tadei este asasinarea lui și a soției sale, Draga, la 11 iunie 1903, în urma unui complot pus la cale de Țrna Ruka (Mâna Neagră), o societate secretă. (n. tr.)
19 Numele dat de comuniști provinciei Kosovo și Metohia, pentru a șterge numele ortodox de Metohia – metoc. (n. tr.)

cheme degrabă la Belgrad, căci îi eram de trebuință pentru Patriarhia din Peci.

După ce m-am întors de la Belgrad – de la Mitropolitul Iosif la Vlădica Veniamin –, l-am rugat pe Vlădica să nu mă mai trimită nicăieri altundeva din Eparhia Branicevo. I-am cerut să mă trimită la Mănăstirea Gorniak, unde am primit tunderea în călugărie, ca să-mi găsesc acolo pacea și bucuria duhovnicească. Vlădica mi-a împlinit ruga, iar eu am intrat în obștea Mănăstirii Gorniak. Dar când Vlădica a primit o înștiințare de la Patriarhul Gavriil, mi-a trimis de îndată, prin Vicarul Eparhial, cerere să mă înfățișez grabnic la Gorniak, la reședința episcopală. La acea vreme slujeam în Parohia Bliznak. Locuiam în Siga și vreme de câteva luni n-am mai venit la mănăstire, pentru că drumul era foarte lung. Am hotărât ca de Nașterea Domnului să slujesc în mănăstire, căci în biserica din Bliznak n-ar fi fost nimeni la slujbă. Când am ajuns, mi-au înmânat mesajul Vlădicăi și am pornit degrabă spre Pojarevaț.

Când am sosit la reședința episcopală, Vlădica Veniamin îmi spune: „De ce-ai lipsit atâta? Patriarhul a întrebat deja de două ori de tine. Unde ai fost?" Eu i-am răspuns: „Am fost la parohie și până ieri nu am știut despre mesajul dumneavoastră. Însă v-am rugat să nu mă mai lăsați să părăsesc Eparhia Branicevo." Iar Vlădica Veniamin mi-a zis atunci: „Nu vreau să mă dojenească patriarhul din pricina ta." Mi-a bătut la mașină o dezlegare canonică și mi-a spus: „Iată, ai dezlegare canonică pentru Eparhia Belgradului, iar eu am să-l înștiințez chiar de astăzi pe patriarh că am rânduit să i te înfățișezi. Nu mai ești slujitor în Eparhia Branicevo. Fă după cum voiești!"

Odată ajuns la Belgrad, la patriarh, acesta m-a trimis la Patriarhia din Peci[20] și m-a așezat Egumen. Mult m-am chinuit acolo. Comuniștii aceia despre care v-am spus mi-au pricinuit nenumărate griji și necazuri. Ori de câte ori puteau să îngreuieze situația, aprig se mai osteneau. Dar – Slavă lui Dumnezeu! – le-am depășit cumva pe toate, cu ajutor de la Dumnezeu. Și după aproape 20 de ani de slujire în Eparhia Belgradului, în anul 1955 m-am reîntors în Eparhia Branicevo, unde mă aflu acum, iată, deja de 48 de ani. Vremea a trecut repede... Și doctorii mi-au spus că voi mai trăi doar cinci ani. În 1937 mi-am așteptat sfârșitul. Dar iată, Dumnezeu m-a lăsat în viață... Și așa curge viața mea.

Părinte Arhimandrit, vă rugăm să ne spuneți câteva cuvinte despre viața dumneavoastră duhovnicească, despre ispitele care v-au năpădit și despre cum le-ați biruit?

Părintele Tadei/ Când am venit ca frate la Mănăstirea Milkovo, mi-au dat mătănii și m-au învățat cum să mă rog. Și după cum mi-au arătat, așa am și făcut. M-am dăruit întru totul rugăciunii lui Iisus. Cugetam așa: „Mai am doar cinci ani de viață. Hai să nu-i irosesc în zadar, hai să-mi găsesc calea mea către Dumnezeu!"

20 Are statut de stavropighie, deși se află în jurisdicția Eparhiei Rașkăi și Prizrenului, în provincia Kosovo și Metohia. (n. tr.)

Și, în scurtă vreme, tocmai din pricina acestei depline încredințări în voia lui Dumnezeu și a doririi fierbinți după Dumnezeu, m-a luminat Dumnezeiescul Har, care a dat naștere în sufletul meu unei bucurii și păci negrăite. Ascult inima și aud în lăuntrul meu: „Doamne Iisuse Hristoase, Fiul lui Dumnezeu, miluiește-mă pe mine, păcătosul." Încerc să-mi amintesc vreun lucru sau vreo întâmplare din trecut – dar nu pot! Gândurile toate se odihnesc într-o pace nespusă, și în întreaga mea ființă domnește o bucurie și o tânjire negrăită după Dumnezeu. Aceasta este starea Îngerilor și a Sfinților, starea viețuirii în plinătatea Harului. Numai cei ce au dobândit în dar Harul pot înțelege starea Îngerilor și a Sfinților, care sunt călăuziți de Duhul Sfânt.

Am crezut că toți călugării, preoții și episcopii au Harul cel fără de plată. Și uite, omule, atâția ani am petrecut până acum cu preoți și călugări, și am întâlnit doar un singur călugăr la care am văzut Harul cel fără de plată! Un singur călugăr! Printre mirenii cu familie am întâlnit mai multe persoane asupra cărora se odihnește darul Harului.

A venit odată, aici, la mine, un Bosniac din Bania Luka, care trăia în lume și lucra rugăciunea lui Iisus. El avea un prieten din școală, un om cu familie, cu copii, care și muncea. Acest prieten al lui nu era peste măsură de evlavios, dar era un om blajin, un suflet bun. Într-o zi, vorbeau ei așa, și acesta îi propune: „N-ar fi bine să faci rugăciunea lui Iisus?" Prietenul l-a privit mirat și i-a răspuns: „Aș face-o, dar nu știu cum." „Te voi învăța eu..." Și l-a învățat, și i-a dat un șirag de mătănii. În scurtă vreme, acest prieten al lui a dobândit darul Harului, și de atunci și firea sa, și familia lui s-au schimbat. Iar celălalt lucra rugăciunea lui Iisus de atâta timp, și nimic...

După o vreme, omul acesta a venit aici, la mine, și mi-a spus: „Nu știu ce e, părinte, dar mă luminează o bucurie și o pace negrăită. Aud fără încetare în inimă: «Doamne Iisuse Hristoase, Fiul lui Dumnezeu, miluiește-mă pe mine, păcătosul.» Știu ce fel de om eram, ce cugetam, iar acum nimic din toate acestea nu mai sunt în mintea mea. Aveam gânduri păcătoase față de partea femeiască, știu că mă aprindea mânia și pentru cel mai neînsemnat fleac, iar acum – nu știu –, nu mai pot să mă mânii. Nu pot nici măcar să mă mai gândesc la cele ce nu sunt bune – nici de-aș voi nu pot. Nu știu ce s-a întâmplat cu mine. Tot timpul doar mă bucur, și întreaga mea ființă este stăpânită de o bucurie și de o pace de nespus." „Ai dobândit darul Harului – i-am zis eu –, și vei avea toate atâta vreme cât nu-ți vei lega cugetul de vreo grijă din lumea aceasta. Însă de vei face altminteri, mai întâi nu vei mai auzi rugăciunea în inimă, iar apoi vei pierde treptat pacea și bucuria din suflet. Atunci vor începe să te chinuie iarăși gândurile cele apăsătoare ale lumii acesteia, pe care le au în stăpânire puterile cele diavolești. De voiești să păstrezi acest Har primit în dar, trebuie să te rogi neîncetat lui Dumnezeu, ca prin rugăciune să izgonească gândurile cele apăsătoare și negre din mintea ta, și astfel vei păstra acea pace și bucurie pe care le simți acum."

Când am fost pus stareț la Mănăstirea Pokainița, cu greu am primit această slujire. Mă temeam de primejdiile și de ispitele pe care mi le pregătiseră locuitorii din preajma mănăstirii. Atunci Domnul Însuși mi S-a înfățișat în vis și m-a mustrat. M-am aflat dintr-odată înaintea Lui. L-am privit: Domnul purta epitrahil, omofor peste umeri, iar peste omofor încă un epitrahil. Stăteam înaintea Lui, și El mi-a zis: „Pentru ce te lupți, atâta vreme cât nu ai ascultare? Oriunde ai fost pus stareț, M-ai supărat cu rugăminți să fii slobozit. Să nu mai faci asta! Să știi că orice ascultare care-ți este încredințată trebuie împlinită cu deplină dragoste, cu râvnă și cu credincioșie, neluând aminte la pizma și la răutatea care ne înconjoară și ne năpădește." Apoi a făcut de trei ori semnul Sfintei Cruci asupra mea, de la cap până la picioare, a luat epitrahilul și l-a pus peste mine: „Aceasta este crucea pe care trebuie s-o duci!"

Stăreția mi-a fost întotdeauna cu anevoie de purtat, căci trebuia să-mi alipesc gândurile de grija pentru lucrurile materiale, pentru obște și pentru oameni... Din această pricină mereu am pierdut acel Har primit în dar, pe care l-am dobândit pe când eram frate. Asta a dat naștere unor noi necazuri în viața mea duhovnicească, care mi-au năruit sănătatea trupească. Plămânii mi s-au vindecat, dar s-a ivit o nouă boală: mi-au cedat nervii. Mi-a trebuit multă vreme până ce m-am deprins cum să mă odihnesc. Doctorii mi-au dat medicamente antidepresive, dar nu mi-au fost de niciun folos. M-au sfătuit să mă odihnesc – eu să-mi fiu propriul meu doctor. Și Domnul a privit la necazul meu, mi-a trimis puterea Sa și am reușit să mă liniștesc tot mai mult. Dar și astăzi, când îngădui în prea mare măsură grijilor materiale și altor griji ale vieții să pună stăpânire pe mine, cu greu reușesc să mă odihnesc, să mă încredințez cu desăvârșire voii lui Dumnezeu – aici își au obârșia problemele mele cu nervii, încordarea și nervozitatea mea. Dacă, frate fiind, n-aș fi primit Harul în dar, stăreția nu mi-ar fi fost așa de anevoioasă. Când mă înlănțuiesc necazurile lumii acesteia, îmi pierd pacea, iar nevroza și neliniștea se sălășluiesc întru mine: devin încordat și nervos.

Odată, l-am rugat pe Vlădica să mă mute într-o parohie. Gândeam în sinea mea: „Poate că acolo îmi va fi mai ușor. Poate acolo îmi voi găsi pacea." Și Vlădica mi-a încredințat Parohia Vlașki Dol. Dar trimite-l pe cel bolnav de nervi oriunde voiești – nicăieri nu-i va fi bine! Acolo, la parohie, mi-a fost și mai rău. Am o fire peste măsură de simțitoare și m-au apăsat mult necazurile și nevoile enoriașilor, precum și păcatele lor. În scurtă vreme, starea mea s-a înrăutățit și mai mult, iar inima a început să-mi bată precum cea a unui iepure. Toată ziua și întreaga noapte nu puteam să mă odihnesc, încât am hotărât să mă întorc la mănăstire, să nu mor în parohie. Am venit la Vitovnița. Un ucenic de-al meu m-a spovedit de îndată, și mi-a dat o chilie unde să mă odihnesc. Când m-am trezit, am tras cu urechea, să ascult dacă cumva inima mea mai bate la fel de iute. Nu auzeam nimic. Slavă Domnului, s-a smerit! Atunci am auzit în minte cuvintele: „Așa trebuie să te liniștești! Nu mai lua peste măsură asupra ta grijile lumii acesteia, ci păzește-ți pacea și trăiește cu Dumnezeu! Lasă lucrurile în voia lor!"

***

La Mănăstirea Milkovo ați trăit cele mai frumoase clipe din viața dumneavoastră duhovnicească. Spuneți-ne ceva despre Starețul acestei mănăstiri, Părintele Arhimandrit Amvrosie.

Părintele Tadei/ Părintele Arhimandrit Amvrosie a fost un om cu viață sfântă. În timpul Revoluției bolșevice din Rusia a fost împușcat în piept, și a suferit mult cu plămânii din pricina aceasta. Nu s-a vindecat niciodată, iar rana i-a înlesnit tuberculoza și a murit de tânăr.

A fost ucenic al vestiților Stareți din pustia Optinei. Avea dragoste îndeosebi către Sfântul Amvrosie al Optinei, care l-a tuns în cinul monahicesc. Din el izvora o dragoste deosebită și netulburată. De la Stareții Optinei dobândise ceea ce aveau ei mai bun: dragostea. A pus în lucrare în viața sa această dragoste atotcuprinzătoare. Era pur și simplu deosebit. Prin dragostea sa, minuna pe oricine stătea de vorbă cu el sau doar se afla în preajma lui. Nu s-a mâniat niciodată pe vreun monah ori pe vreun frate, nici nu a spus vreodată cuiva vreun cuvânt rău. Se ostenea ca prin însăși pilda sa să le împărtășească și fraților din obște această virtute, și mulți au învățat de la el cum să pună în lucrare, în viața de zi cu zi, această dragoste atotcuprinzătoare, nepătimașă. Chiar eu am simțit această dragoste a sa de negrăit, pe care o avea și pe care a împărtășit-o acelor frați care au dorit să o lucreze.

Când am ajuns la Mănăstirea Milkovo, cea dintâi ascultare primită a fost să păzesc via. Și pentru că aveam aplecare spre somn, ațipeam, iar hoții veneau și prădau via. Când m-am trezit, am văzut că nu mai sunt struguri. M-am speriat și l-am așteptat cu teamă pe iconom să vină la vie. Acesta a venit, a văzut totul – și nu mi-a zis niciun cuvânt. Nimic! Strugurii din vie furați, iar el nu-mi spune niciun cuvânt! Ziua următoare a venit iarăși și mi-a spus: „Tomușca – așa mă strigau pe când eram frate –, Batiușca a blagoslovit să-ți dau o ascultare nouă. Vei păzi oile și caprele pe islazul din preajma Moravei." Și așa am ajuns cioban la oi. Dar și de data asta am greșit.

Mi s-a dat să învăț citirea din *Ceaslov*[21] câtă vreme păzesc oile și caprele, iar eu, citind din *Ceaslov*, iarăși am ațipit. Când m-am trezit, am căutat să văd unde sunt oile, și văd că rămăsese numai o capră bătrână. Toate celelalte dispăruseră pe undeva. M-am ridicat degrabă în picioare, să le caut unde sunt. Când colo, ele s-au dus pe ogor, au doborât gardul într-un loc și au intrat și au mâncat toată fasolea stăpânului acelui ogor. Iar capra, când a văzut că eu alerg către oi, a pornit și ea să alerge în urma mea și cât pe ce să distrugă gardul cu totul. Stăpânul ogorului a văzut după aceea ce au făcut oile și caprele și, firește, s-a dus la mănăstire să se plângă Părintelui Arhimandrit. Acesta i-a spus iconomului să plătească stricăciunea adusă proprietarului – și cu asta, totul s-a încheiat. Niciunul dintre frați nu mi-a spus nici măcar un cuvânt (de mustrare) – nici măcar unul! Ziua următoare a venit iarăși iconomul la mine și mi-a zis: „Batiușca a blagoslovit o ascultare nouă pentru tine: de acum vei păzi vacile pe celălalt izlaz."

---

21 Deprinderea cu slavona bisericească, în care sunt scrise cărțile de cult în țările slave. (n. tr.)

Dar istoria s-a repetat. Aveam șase vaci, iar printre ele se afla și una mai bătrână, căreia îi plăcea să se furișeze și să facă stricăciuni. Câtă vreme am păzit vacile, le număram cu grijă ca să nu repet aceeași greșeală. Aveam cu mine și *Ceaslovul*, și citeam din când în când din el. Și astfel, pe când citeam, vaca cea bătrână a reușit să se furișeze și să intre în grădina ce se afla nu departe de izlaz. În timp ce citeam, îmi aruncam din când privirea la vaci și socoteam dacă sunt toate. Odată, din întâmplare, le-am numărat cu atenție și am observat că vaca cea bătrână lipsește. Am înlemnit și am pornit să o caut. Când am privit prin grădini, vaca ajunsese deja la a treia dintre ele, și ronțăise și călcase în picioare toată varza. Stăpânul grădinii s-a plâns din nou și iarăși a venit iconomul la mine. Noua ascultare a fost la trapeză și la biserică.

Acestea sunt numai o parte din ispitele pe care Părintele Arhimandrit Amvrosie le-a acoperit cu dragostea sa cea fără de margini. Au fost atunci și altele, mult mai rele și mai dureroase, dar Părintele Arhimandrit a răspuns întotdeauna doar cu dragostea sa.

Unui călugăr care fusese cândva guvernator, prefect de gubernie – o persoană importantă în Rusia –, îi plăcea mult să bea. Se întâmpla chiar să plece din mănăstire și să meargă în sat, și lipsea câte o săptămână. Trebuia ca Starețul să-l caute și să-l aducă înapoi. Bea și iar bea, iar Părintele Arhimandrit nu-i spunea nici măcar un cuvânt prin care să-l mustre pentru ceea ce face – nimic! Acoperea totul cu dragoste, ca și cum n-ar fi fost nimic. Era vădit că rabdă și suferă din pricina tuturor acestora, dar nu ar fi spus nimănui nici măcar o vorbă despre asta. Venea întotdeauna cel dintâi la biserică, la slujbă, și ședea întotdeauna pe scaunul egumenului. Se vedea că era pur și simplu istovit de griji, dar nu zicea nimănui nimic, punea totul înaintea Domnului. Nu a pedepsit niciodată pe nimeni. Nu a avut nici măcar un gând rău față de nimeni, nicio privire aspră, nimic de felul acesta. Iubea pe fiecare așa cum era și se ruga lui Dumnezeu ca să-l lumineze El pe acela. Prin pilda sa de viață învăța cel mai mult, și stăruia ca prin această pildă să aducă pe fiecare la calea mântuirii. Cu adevărat, Părintele Arhimandrit Amvrosie era un suflet deosebit, plin de dragoste și smerenie. Păcat că boala l-a luat prea din vreme din lumea aceasta.

Părinte Arhimandrit, la Sfinția Voastră în mănăstire, la Vitovnița, vine multă lume care caută mângâiere. Vă rugăm să ne spuneți cum și când a început totul?

Părintele Tadei/ A început oarecum dintr-odată. Vlădica m-a așezat, la cererea mea, în parohie, unde am nădăjduit că se vor mai potoli grijile prilejuite de zidirea mănăstirii. Într-o zi din anul 1975 a venit la mine fratele Draghi și m-a chemat la o adunare a bogomoliților. Fratele Draghi era de meserie tehnician și a condus construcția bisericii din Krnievo, unde se află și cea mai mare asociație a bogomoliților din eparhia noastră. Vine el într-o seară la mine cu mașina lui – acolo, la Krnievo, se țineau des adunări ale bogomoliților – și-mi spune: „Haide, omule, vino și tu puțin acolo să vorbim!" I-am zis: „Eu nu am ieșit nicăieri. Nici la adunări ale bogomoliților, nici la slave[22] nu pot merge." „Dar, haide!" „Dar – spun eu –, nu pot." Și el a plecat. A doua oară a venit cu încă doi, trei. „Haide!" I-am spus: „Nu pot!" Am refuzat iarăși. A treia oară au venit șase oameni cu un microbuz. Eu, de obicei, seara, mă plimbam în jurul bisericii... „Acum nu mai poți scăpa de noi. Trebuie să mergi!" Îi zic fratelui Draghi: „Frate Draghi, tu ești membru al consiliului eparhial. În curând Vlădica va convoca membrii consiliului, iar când se va încheia ședința, întreabă-l pe Vlădica. Dacă Vlădica dă blagoslovenie, atunci pot merge. Altminteri, dacă mă chemi tu sau altcineva, nu voi merge. N-am ieșit nicăieri, nu mă pricep la întâlnirile cu oamenii, omule, și îmi este cu anevoie, îmi este tare greu! Însă când ședința se va sfârși, întreabă-l pe Vlădica. Dacă Vlădica blagoslovește, atunci poți să vii să mă iei ca să mergem – atunci va trebui să merg pentru că Vlădica a blagoslovit. Am zis... Nu am încotro acum." Și așa a început totul...

Acolo m-am întâlnit pentru întâia dată cu Vlădica Atanasie, care era pe atunci ieromonah și profesor la Facultatea de Teologie. La vremea aceea încă îmi era capul plin de cuvinte ale Sfinților Părinți. Mă întreabă una, apoi alta, eu răspund, și văd că le este pe plac ceea ce le spun eu. Am cunoscut atunci mulți bogomoliți care au găsit în cuvintele Sfinților Părinți răspunsuri la multe întrebări care îi chinuiau. De atunci au început să vină la mine din ce în ce mai mulți oameni, iar acum vin necontenit.

22 Praznicul Sfântului ocrotitor al familiei, specific Serbiei. (n. tr.)

Abia în 1975 s-au împlinit cuvintele pe care le-am auzit de la Înger la începutul celui de-Al Doilea Război Mondial, în celula închisorii din Petrovaț: „Pe mulți încă va trebui să mângâi și să îmbărbătezi." A trebuit să vorbesc mult, și de atunci a început să mă doară gâtul. Am făcut inflamație în gât, de care nici până astăzi nu m-am vindecat. Uneori îmi este foarte greu – abia de pot sluji Sfânta Liturghie.

Iată, așa curge viața...

În ziua de astăzi, educația stă la îndemâna unui număr mare de oameni. Vreți să ne lămuriți, pentru cititorii noștri, care este însemnătatea educației, care este folosul ei pentru viața duhovnicească și pentru mântuire?

Părintele Tadei/ Omul trebuie să primească educație, să cunoască ce poate, dar școala ne dă numai instruirea minții, nu și duhovnicie. Majoritatea teologilor noștri care predau în seminariile teologice și în facultăți nu viețuiesc după cum predau și învață. Iar ei trebuie să le dea copiilor și tinerilor pilda vieții lor. Aceasta însă nu se întâmplă, și de aceea situația este grea.

Școala educă abstract, rațional, dar nu are duhovnicie. Iar copiii au trebuință de o pildă de viață, căci prin aceasta li se poate spune mai mult decât prin cuvinte. Putem auzi multe lucruri pline de învățături despre viață și duhovnicie, dar se pune întrebarea dacă vom putea înfăptui toate acestea în viață. Însă când vedem o pildă de viețuire – că omul este liniștit, pașnic, bun, că nu se vatămă când este ocărât –, atunci și învățăcelul dorește să fie asemenea acestuia. Puterea lui este pilda vie de viețuire pusă înaintea ochilor. Așadar, prin viață se spun mult mai multe decât prin cuvinte.

Pilda unei viețuiri bineplăcute Domnului întărește cunoașterea teoretică și îi dă adeverire practică. Acestea nu sunt valabile numai în cazul științei despre Dumnezeu[23], ci și pentru toate celelalte științe. Orice cunoaștere pe care omul o descoperă pe calea științei este un dar dat de Dumnezeu oamenilor și vestește prezența lui Dumnezeu în lumea aceasta. Cu totul altceva este înfăptuirea acestei cunoașteri primite în dar. Aceasta depinde – după cum am spus mai înainte – de viața noastră: cu Dumnezeu, sau împotriva lui Dumnezeu. De aceea, ea poate fi întrebuințată în folosul sau spre paguba omenirii. Nicio cunoaștere la care a ajuns știința omenească, Dumnezeu nu a dăruit-o spre pagubă. Totul este dăruit spre bine, și numai spre bine. Doar voia liberă cea stricată a omului, care a pierdut frica lui Dumnezeu, a prefăcut în rău binele dăruit de Dumnezeu oamenilor, pricină pentru care suferim și ne chinuim în lumea aceasta.

Părinte Tadei, duceți o viață duhovnicească și de aceea puteți cuprinde cu privirea duhovnicească realitatea vremii de astăzi. Spuneți-ne, vă rugăm, câteva cuvinte despre necazurile care s-au abătut asupra poporului

23 Teologia (n. tr.)

sârb, de ce au venit acestea asupra noastră și cum să le biruim?

Părintele Tadei/ Suferim pentru că gândurile și dorințele noastre sunt rele. Noi înșine ni le-am pricinuit, căci poporul nostru nu are pocăință. Nu au pocăință nici cei credincioși – ca să nu mai vorbim de cei necredincioși! Cincizeci de ani de comunism au făcut mult rău, mai mult decât 500 de ani de robie sub Turci. Atât de mult a îndepărtat răul acesta pe popor de Dumnezeu, omule! Și atunci aceste gânduri și dorințe rele au nimicit înțelegerea și pacea, pur și simplu le-au năruit și au dat roade rele și împovărătoare. Noi înșine suntem vinovați pentru toate acestea: adunăm roadele gândurilor și ale dorințelor noastre...

Pocăința trebuie înnoită. Aceasta înseamnă nu numai spovedanie la preot – cu toate că avem trebuință și de ea pentru slobozirea omului de gândurile cele rele –, ci pocăința înseamnă întoarcere către Binele cel Desăvârșit. Așadar, întoarcere către Dumnezeu, căci Binele Desăvârșit este Dumnezeu. Trebuie să ne întoarcem cu inima către Dumnezeu și să cerem pace de la Domnul, să ne dea putere să fim buni. Pentru binele nostru, să avem gânduri și dorințe bune. Noi nu facem asta, și de aceea suferim.

Dumnezeu este întru noi, și pentru că El este dragoste, nu tulbură voia noastră cea slobodă. Ținem în noi mult rău, și la un moment dat acesta iese la iveală: și în familie, și la locul de muncă, și în societate. În cele din urmă, totul se sfârșește în suferințe grozave. Iată, priviți încotro mergem...!

Și răul nu este numai la noi, ci în întreaga lume. Dar mai cu seamă la noi, căci suntem totuși aleși de Domnul, suntem creștini. Sunt multe suflete din neamul nostru care au pătimit pentru Domnul, și care se roagă Lui și Maicii Domnului, dar noi împiedicăm toate acestea prin gândurile și prin dorințele noastre. Cu toate acestea, Domnul ne apără, ne apără mult...

Trebuie să ne slobozim de răul din noi. Avem istoria Israiliților – Vechiul Legământ este în cea mai mare parte istorie: de câte ori poporul Israilit se lepăda de Domnul, micul popor al Filistenilor îl decima și îl subjuga, și mult a suferit poporul Evreiesc. De câte ori Israiliții se pocăiau și se întorceau la Dumnezeu, îi supuneau pe vrăjmași cu puțini oameni.

În Cartea Judecătorilor avem pilda lui Ghedeon /Jud. 7, 5/, care, cu doar trei sute de Israiliți, i-a biruit, cu ajutorul lui Dumnezeu, pe Madianiții cei mulți ca nisipul țărmurilor mării. Ghedeon a adunat mai întâi oaste multă de Israiliți și plănuia să se împotrivească Madianiților. Dar Domnul i-a spus: „Este prea mult norod cu tine", așa încât Ghedeon a lăsat o mare parte din oșteni la casele lor. Și i S-a arătat Domnul din nou și i-a spus ca pe cei ce au rămas să îi ducă la apă și să îi cerceteze bine, deoparte. „Fiecare ostaș care va limpăi apa cu limba din pumni, pe acela să-l pui deoparte." Iar pe cei ce se vor pleca în genunchi să bea apă, pe aceia să nu-i ia în seamă, ci să-i pună deoparte numai pe cei ce vor lua apă în pumni. A ales cu totul trei sute de ostași – numai trei sute, din atâta mulțime de oaste! Atunci Domnul i S-a arătat din nou lui Ghedeon și i-a zis: „Cu ei să mergi împotriva lui Madian!" „Dar cum voi merge cu trei sute de oameni împotriva unei așa mulțimi de oaste?" „Vei birui cu trei sute de oameni!" Și oastea madianită a fost zdrobită. Iată ce înseamnă Domnul și puterea Lui!

Noi suntem un neam mic, dar dacă suntem uniți în cuget pe calea lui Dumnezeu, niciun vrăjmaș nu ne-ar putea sta în cale. Căci atunci se află în noi puterea cea Dumnezeiască, și încă puterea Dumnezeiască unită – aceasta este puterea, omule! De unul, fug mii! Iar acolo, la vrăjmașul, este dezbinare. Dar dovedește tu asta! Cui să spui asta, când frate pe frate nu poate răbda?!... Iată ce înseamnă: cu oameni puțini poate fi biruit un vrăjmaș mult mai mare și mai puternic.

Părinte Tadei, pe când erați Stareț la Mănăstirea Gorniak a venit la dumneavoastră un tânăr care avea un dar rar – al vederii lumii duhovnicești. Vorbiți-ne câte ceva despre aceasta...

Părintele Tadei/ Tânărul acela era de obârșie din satul Radinaț, în apropiere de Smederevo. El era, așa, un tânăr mai sărac de minte. După ce i-a murit mama, a rămas să trăiască la sora lui. Ea s-a căsătorit și a plecat într-un sat în apropiere de Svilainaț. Tatăl său a trebuit să meargă la închisoare, și astfel flăcăul a fost nevoit să meargă să locuiască la sora sa. Obișnuia să meargă adesea în sat, iar apoi nu mai știa cum să se întoarcă acasă, încât trebuiau să-l caute primprejur. Multă tulburare a pricinuit familiei surorii lui, iar ea a venit într-o zi la Mănăstirea Gorniak – eu eram stareț – și mi-a spus: „Ați vrea să-l primiți pe fratele meu? Are 19 ani și îi place să muncească – orice –, însă este puțin cam sărac la minte. Pleacă în sat și mereu trebuie să mergem să-l căutăm. Însă aici nu este niciun sat – este departe, în munți. Aici va asculta de dumneavoastră. Poate să lucreze orice." „Atunci – zic –, adu-l!" Și ea l-a adus. Îi era frică să doarmă singur, așa că l-am rugat pe Părintele Naum – un bătrân – să-l primească. O săptămână întreagă a stat la bătrân, după care acesta îmi spune: „Știi, părinte, să-l muți altundeva, cu un alt frate. Eu sunt bătrân, aproape de sfârșitul vieții. El, de cum se întunecă, începe să vadă ceva, și atunci îmi vorbește fără de oprire, iar eu n-am stare pentru poveștile lui – eu vreau să mă rog." L-am mutat atunci în încăperea unde se afla, ca frate, Episcopul Sava. (Pe acesta l-am primit în mănăstire pe când nu terminase nici gimnaziul. Aici a învățat și l-a terminat, iar apoi Vlădica mi-a spus: „Haide să-l trimitem la seminar!" – și l-a absolvit. După moartea Vlădicăi Veniamin s-a înscris la facultate, pe care, de asemenea, a absolvit-o, și la scurtă vreme după aceasta a ajuns Vlădică.)

Și am așezat încă un pat în chilie, și așa a stat băiatul acela cu Sava până ce l-au chemat pe Sava în armată. Atunci el a rămas singur și îi era frică să doarmă singur. Așa că, mai pe seară, mergeam eu acolo și dormeam în patul lui Sava. Cum se stingea lumina, începea să vorbească:

„Vezi, părinte?" îmi spune.

„Nu văd nimic", îi răspund.

„Vezi? Se săvârșește slujba în biserică."

„Nu văd!"

„Dar cum nu vezi?"

„Tu vezi, dar eu nu văd." – și vorbea mult așa...

O vedea pe Preasfânta Născătoare de Dumnezeu sau vedea Îngeri și duhuri rele, și se temea de ele, era foarte înfricoșat de ele. Și atunci eu l-am îndemnat – depusesem deja cerere să merg în Sfântul Munte – să o roage pe Preasfânta Născătoare de Dumnezeu, să o întrebe dacă voi merge în Sfântul Munte." „Da, o să întreb!" Și știi ce i-a spus Preasfânta Maică? „Iubitul meu, tu vezi acestea pentru că ești fără de judecată, îți este dat să vezi, dar altora nu." Pentru că el era lipsit de judecată, simplu ca un copil... L-am rugat să o întrebe pe Maica Domnului dacă voi ajunge în Sfântul Munte și mi-a răspuns: „Știi ce zice Sfânta Maică? Vei merge în Sfântul Munte, vei merge."

Și într-o zi îmi zice:

„Vezi, părinte? Doi Îngeri l-au adus pe unul negru – unul de o parte, altul de cealaltă. Acela – vai! –, este diavol. Nu este ca Îngerii, este negru. Să văd ce zic aceștia, pentru ce l-au adus aici. Privește, ascultă... Tu îi vezi, părinte?"

„Nu văd!"

„Dar cum nu-i vezi? Privește!" Simplu, ca un copil... „Știi, diavolul acesta vrea să se pocăiască."

Așadar, și printre duhurile cele viclene se află unele care se pocăiesc, dar pentru că orânduirea lor – prin care sunt strâns legați laolaltă – nu îngăduie pocăința, ei nu îndrăznesc nici să se gândească la așa ceva, până ce nu găsesc o ceată de Îngeri în care să intre, ca să-i păzească de duhurile viclene. În felul acesta, pocăința lor este cu putință numai individual, căci printre ei se află și unii mai răi decât cei răi... Și spune:

„Cu adevărat, vrea să se pocăiască! Cu adevărat, este diavol! Iată, vezi? Acum vine o rouă, ca o ploaie cade peste el din înălțimi. Nu vezi asta, părinte?"

„Nu văd."

„Dar cum nu vezi? Privește!"

„Privesc, însă fără folos."

„Acum s-a făcut alb, pierde negreala care-l acoperă. Îl curățește, îl spală... Acum este și el alb precum Îngerii aflați de o parte și de alta, care-l țin. Acum îl duc în biserică."[24]

Interesant... Tânărul acesta probabil mai trăiește încă. Pe atunci era tânăr. Iar când tatăl i s-a întors din închisoare, sora sa a venit și l-a luat.

Vă mulțumim, Părinte, și blagosloviți!

---

24 O istorie asemănătoare este relatată de Arhimandritul Cleopa de la Sihăstria, în volumul 11 din *Ne vorbește Părintele Cleopa* (Editura Episcopiei Romanului, 2001), sub titlul *Diavolul care s-a transformat în Înger de lumină.* Este vorba de un drac care tulbura obștea unei mănăstiri de maici, trăgând clopotul în momente nepotrivite. Monahia care avea în grijă clopotnița a dat peste el și, chemând puterea Crucii, l-a silit să cânte Trisaghionul. În fața rugăciunilor obștii, dracul începu a cânta frumos: „Sfinte Dumnezeule, Sfinte tare, Sfinte fără de moarte", și se oprea. „Miluiește-ne pre noi" nu zicea. „Zi miluiește-ne!" „Nu pot!" „Să te arză puterea Sfintei Cruci!" [...] Când a văzut că-l arde puterea Sfintei Cruci, a cântat. Și când a cântat „miluiește-ne pre noi", a strălucit ca soarele și a zburat la cer. S-a făcut Înger. Și atunci maicile au început a face metanii: „Mulțumim Domnului că am văzut un drac care s-a făcut Înger înapoi, că a zis «miluiește-ne pe noi»!"(n. red.)

CAPITOLUL III

CUM ÎȚI SUNT GÂNDURILE, AȘA ÎȚI ESTE ȘI VIAȚA

DIN CONVORBIREA CU UN MONAH AL NOSTRU

Am plecat spre micuța Mănăstire Vitovnița cu gândul de a scăpa de zarva Belgradului și de această viață a noastră plină de stres. Sincer vorbind, nu m-am așteptat la nimic deosebit de la șederea mea acolo. Însă Dumnezeu a voit ca în această mănăstire săracă și retrasă să întâlnesc un om cu adevărat al lui Dumnezeu și, prin convorbirile avute cu el, să simt, mai limpede decât oricând, cât de îmbietoare este viața după Dumnezeu. Am însemnat în scris câteva dintre aceste convorbiri, pe care le-am purtat sub umbrarul de lângă biserică. Nu voi pomeni numele acestui monah – gazda noastră –, de teamă ca nu cumva, prin această destăinuire publică a vieții lăuntrice a Părintelui T., să tulburăm pacea sufletului său smerit.

DESPRE RUGĂCIUNE

Părintele Tadei/ Lui Dumnezeu trebuie să ne rugăm precum Părintele Ioan din Kronștadt. El citea rugăciunile cu luare-aminte – iar la unele cuvinte simțea cum inima i se încălzea, și în suflet i se revărsa pace și bucurie –, iar apoi se ruga cu simțire.

Sunt patru trepte ale rugăciunii:

Treapta întâi – rugăciunea trupească: șederea, citirea, închinăciunile;

Treapta a doua – rugăciunea în care cuvintele sunt legate cu mintea: rugăciunea cu luare-aminte;

Treapta a treia – când fiecare cuvânt are ecou nu numai în minte, ci și în inimă. Dacă în rugăciune rostim o cerere, atunci și în inimă se simte o puternică dorință pentru ceea ce cerem. Este prezent simțământul nevoii.

Treapta a patra – rugăciunea fără cuvinte: șederea înaintea Domnului, în pace, predându-ne întru totul Lui.

Cuvintele rugăciunii trebuie rostite cu credința că Domnul vă privește și vă ascultă. Iar dacă în vremea rugăciunii se ivește ceva în inimă, „prindeți-l", și țineți-vă de rugăciune – „rămâneți" întru ea.

Este oare cu putință să ne rugăm la birou și, în general, la locul de muncă?

Părintele Tadei/ Este cu putință. Și acolo să continuați să trăiți sub ochiul Lui. Iar cel mai important este ca orice lucru care vi se dă să-l faceți nu ca pentru oameni, ci ca pentru Domnul.

Adesea, mai mulți îmi dau felurite sarcini în același timp, și fiecare mă grăbește. Tare mă tulbur și pierd cumva simțământul apropierii de Dumnezeu.

Părintele Tadei/ Când vă veți deprinde să păstrați pacea în inimă, vă va fi mult mai ușor. Odată ce veți simți neliniște, opriți lucrul pentru moment și liniști-vă lăuntric, și apoi alergați colo și colo – căci pentru Domnul alergați. Apoi Domnul va răsplăti sufletul vostru cu pace și bucurie. Știu că la început sufletul se străduie „fără gust", dar asta se întâmplă doar la început. Și pe mine m-a necăjit asta mult. Când am fost în P., toată ziua mă aruncau ca pe o minge: ba oaspeți, ba obște, ba muncitori...

Cum ați învățat să vă rugați?

Părintele Tadei/ Când eram mic, eram slab și neputincios. Adesea îmi spuneau acasă: „Nu ești bun de nimic. Uită-te la Miladin – un băiat de vârsta mea – cum își ajută tatăl, iar tu mănânci pâine degeaba!" Mă dureau cuvintele acestea. Aproape de casa noastră se afla un copac, și adesea mă duceam acolo și mă rugam din inimă la Dumnezeu să facă în așa fel încât să fiu și eu vreodată de folos cu ceva.

DESPRE PACEA LĂUNTRICĂ

Care este cel mai de seamă lucru în viața duhovnicească?

Părintele Tadei/ Cel mai însemnat lucru este, cred, paza inimii în netulburată pace. Să nu vă tulburați cu niciun chip. În inimă trebuie să domnească pacea, liniștea, tăcerea, liniștirea.

Prin cercetarea necontenită a păcii inimii, ne vom obișnui să ținem mintea încuiată în inimă. La început mintea va rătăci mereu, va trece de la un gând la altul, va fi împrăștiată ori – cum zic cei înduhovniciți – mintea va fi afară.

Vălmășagul gândurilor este starea duhurilor căzute – dracii, duhurile care au căzut de la Dumnezeu. Mintea noastră, așadar, se cere să fie adunată, unită, cu luare-aminte. Numai în mintea unită Se poate sălășlui Dumnezeu cel Unul.

Păzind inima în pace netulburată, mintea se va obișnui treptat să sălășluiască în inimă, înăuntru – la ea acasă. În cele din urmă, se va ajunge la starea potrivnică celei de început: mintea va fi acum necontenit în inimă, iar când se va întâmpla să iasă afară, degrab se va întoarce, așa precum înainte fugea din inimă.

RUGĂCIUNEA LĂUNTRICĂ

Părintele Tadei/ Dacă simțim o dispoziție prielnică, putem întrerupe tăcerea inimii prin rostirea rugăciunii lui Iisus. La începuturi, ea suna așa: „Doamne Iisuse Hristoase, Fiul și Cuvântul lui Dumnezeu, pentru Născătoarea de Dumnezeu, miluiește-mă pe mine!" Cu vremea, monahii au scurtat-o, și astăzi ea sună astfel: „Iisuse, Fiul lui Dumnezeu, miluiește-mă pe mine!"

Dacă ne este cu putință, să rostim rugăciunea lui Iisus cu simțire. Însă dacă nu putem, să ne străduim să cădem cu inima la Domnul, așa cum știm și ne-am deprins. Dacă nici asta nu vom izbuti, să ne mulțumim cu tăcerea înaintea Lui.

Dacă nu avem un duhovnic iscusit care să ne călăuzească, este primejdios a ne sili să rostim rugăciunea lăuntrică. Știu călugări care, făcând așa, și-au încordat atenția asupra minții, și nu în inimă – și mult s-au păgubit.

Atunci când vom spori în a ne păstra inima în pace netulburată și în a ne aduna mintea în inimă, Dumnezeu, după măsura tânjirii noastre, mai devreme ori mai târziu, ne va dărui harul rugăciunii neîncetate. La un moment dat, ușor și pe nesimțite – precum respirația sau bătăile inimii –, ea va începe să se săvârșească în inimă. Va curge necontenit în noi: și când muncim, și când ne odihnim, când mâncăm, vorbim ori dormim.

Cuvioșia Voastră cum ați deprins rugăciunea inimii?

Părintele Tadei/ Eram încă frate, foarte tânăr, când am început. Părintele Amvrosie mi-a spus: „Orice ai face, să spui neîncetat întru sineți: Iisuse, Fiul lui Dumnezeu, miluiește-mă pe mine!" Eram copil și făceam ascultare cu toată inima. În fiecare zi îi mărturiseam părintelui meu duhovnic ce se petrecea în lăuntru-mi, în suflet, iar el mă povățuia ce să fac. După o vreme am simțit că, dimpreună cu aerul pe care-l respiram, rugăciunea „intra" în inimă. Cu trecerea vremii, rugăciunea a început să se săvârșească de la sine în inimă. Apoi, însă, duhovnicul meu a murit, au venit grijile și am petrecut mulți ani în mari încercări duhovnicești. Întristarea îmi sfâșia sufletul și nu știam de ce. Frica pe care o aveam încă din copilărie mă chinuia iarăși: îmi era teamă că cei mari vor fi nemulțumiți de mine, și nu puteam avea tihnă niciodată.

Ce făceați atunci?

Părintele Tadei/ Depinde. Cel mai adesea îmi luam armonica, mă duceam în singurătate și cântam. Dintotdeauna am iubit muzica, iar ea mereu mi-a adus mângâiere. Uneori mă întrebam în cuget: „Ce vrei? Ți-e foame? Ți-e sete? Ești gol, desculț, bolnav? Dumnezeu ne-a dat totul. Ce mai vrei?" Și totuși, sufletul meu era mâhnit și căuta ceva care să-l mângâie, dar nu era nimeni care să-i aducă alinare.

Am mers la câțiva duhovnici, am căutat sfat, dar nici asta nu mi-a dat mângâiere. A fost așa până când am citit *Calea spre mântuire* a Sfântului Teofan Zăvorâtul, și Domnul mi-a ajutat. Când nu este niciun om care să ne mângâie, atunci Domnul Însuși vine să ne bucure sufletul.

A STA ÎNAINTEA LUI DUMNEZEU

Părintele Tadei/ Pe lângă paza liniștii inimii, deprindeți-vă cum să stați înaintea lui Dumnezeu. Aceasta înseamnă să ai neîncetat în minte faptul că Domnul ne privește. Pe El trebuie să-L avem în cuget când ne trezim, când ne culcăm, la muncă, la masă ori când ne plimbăm. Domnul este în tot locul și întru toate.

Domnul este Puterea care dă viață întregii făpturi, care pune rânduială în univers, care dă frumusețe făpturii celei zidite, se îngrijește de toate și petrece în inima omului. Împăratul Slavei – *așa Îl numește cel mai adesea Părintele T. pe Domnul* – petrece în toată făptura și în fiii Săi.

Faceți totul ca și cum ați fi sub ascultarea Domnului. Dumnezeu ne călăuzește prin ceilalți oameni – fie ei și necredincioși. Vrând-nevrând, omul săvârșește voia lui Dumnezeu. Pentru aceasta, să slujim și să facem ascultare cu bucurie de toți și de toate.

Mijloacele sunt multe, scopul este unul: a sta înaintea Domnului. Semnul ascultării adevărate este bucuria, care este rodul mulțumirii pentru tot ceea ce ne-a dat Dumnezeu. Fiecare dintre noi are rostul lui pe pământ, rânduit de Dumnezeu, drept aceea să fim mulțumiți cu locul în care suntem puși. Până și cei mai neînsemnați și mai răi dintre noi au rostul lor. Prin urmare, să cinstiți și să iubiți pe fiecare ca pe o slugă a lui Dumnezeu.

A avea pace netulburată în inimă și a sta înaintea Domnului sunt condițiile trebuincioase sălășluirii lui Dumnezeu întru noi.

PĂRTĂȘIA CU DUMNEZEU

Părintele Tadei/ Omul va afla Împărăția lui Dumnezeu întru sine. „Pogoară în inima ta și vei afla acolo scara pe care să urci la Împărăția lui Dumnezeu", ne povățuiește Cuviosul Isaac Sirul.

Sfânta Scriptură învață că Împărăția lui Dumnezeu este „dreptate și pace și bucurie întru Duhul Sfânt". /Rom. 14, 17/ Pentru aceasta trebuie să ne curățim inima de toate grijile, ca ea să poată primi pe Dumnezeu – căci doar cei curați cu inima Îl vor vedea pe Dumnezeu. /cf. Mt. 5, 8/ Cel dintâi pas către părtășia cu Dumnezeu este deplina încredințare de sine în mâinile lui Dumnezeu. Apoi, Dumnezeu va fi Cel ce lucrează, iar nu omul.

Părtășia cu Dumnezeu înseamnă ca Dumnezeu să Se sălășluiască întru noi: El să lucreze în noi, cu El să se înveșmânteze sufletul nostru și El să ne călăuzească cugetul, voia și simțirile. Atunci, noi suntem, de bunăvoie, doar o unealtă în mâinile Sale – mânuită de El și în gândurile, și în dorințele, și în simțămintele, și în lucrarea, și în cuvintele noastre.

Cum se păzește de mândrie omul care a ajuns la o treaptă duhovnicească mai înaltă?

Părintele Tadei/ Asta nu este ceva deosebit. Părtășia cu Dumnezeu este o stare firească a sufletului. Omul este făcut pentru o astfel de viață. Păcatul l-a îndepărtat pe om de această viață și de aceea el trebuie să o recâștige. În fapt, noi doar ne ostenim să ajungem la o stare firească, sănătoasă.

VEDEREA DUHOVNICEASCĂ

Părintele Tadei/ Când Împărăția lui Dumnezeu se sălășluiește în inima omului, Dumnezeu îi descoperă acestuia taine. El „va pătrunde" împreună cu Dumnezeu în esența lucrurilor și va înțelege taina lor.

Toată cunoașterea este la Dumnezeu, și când Domnul voiește – doar după a Sa milă –, îi descoperă omului taine.

Astfel, până și un monah simplu și neînvățat, prin mila lui Dumnezeu, poate cunoaște taine mari: despre viață, despre moarte, despre Rai și iad – cunoaște și cum este orânduită lumea aceasta.

Când Împărăția lui Dumnezeu se sălășluiește în inima omului, Dumnezeu sfâșie neștiința minții ca pe un văl. Omul va pricepe atunci nu doar tainele Zidirii, ci și taina propriei sale persoane. Și, în cele din urmă, într-o clipită sfântă, Dumnezeu, după negrăita Sa milă, i Se va descoperi pe Sine, iar omul Îl va privi pe Împăratul Slavei așa cum privește soarele în apa limpede. Atunci omul se face una cu Dumnezeu, și Dumnezeu lucrează întru el. Acesta trăiește numai cu trupul pe pământ, iar cu duhul este în Împărăția Cerurilor, împreună cu Îngerii și Sfinții, și Îl contemplă pe Domnul.

DESPRE ASPRIME

Părintele Tadei/ Asprimea față de aproapele este primejdioasă. Cei aspri sporesc numai până la o anumită măsură și rămân la nevoința trupească. În purtarea cu oamenii trebuie să fim buni, blânzi, îngăduitori.

Părintele Tadei mi-a istorisit atunci un vis care i-a întărit convingerea că asprimea față de oameni este un fel de înșelare.

Părintele Tadei/ Abia adormisem, și am visat că am murit. Doi tineri m-au dus într-o încăpere și m-au așezat între ei, pe un piedestal. De-a dreapta mea se aflau judecătorii. În capăt, la stânga, cineva mă învinuia și grăia astfel: „Iată, acesta este cel care nu se poate înțelege cu nimeni!" Tăceam uimit. Atunci, dintr-un ungher, același glas a repetat aceste cuvinte. Tânărul care se afla în dreapta mea îmi spune: „Nu te teme! Nu-i adevărat că nu te poți înțelege cu nimeni! Tu, cu tine însuți nu poți trăi!" M-am așezat pe pământ și am început a plânge...

ATMOSFERA CEREASCĂ ȘI ATMOSFERA IADULUI

Părintele Tadei/ Omul care poartă întru sine Împărăția lui Dumnezeu răspândește în jurul său gânduri sfinte, gânduri Dumnezeiești. Împărăția lui Dumnezeu făurește întru noi atmosfera Împărăției Cerurilor – spre deosebire de atmosfera de iad a gândurilor, pe care o răspândește în jurul său omul ce poartă în inima sa iadul. Rostul creștinilor în lume este să curățească atmosfera pe pământ și să lărgească Împărăția lui Dumnezeu.

Lumea trebuie cucerită prin păstrarea atmosferei cerești întru noi, căci de vom pierde Împărăția lui Dumnezeu din lăuntru, nu ne vom mântui nici noi, și nici semenii noștri. Cel ce poartă în lăuntrul său Împărăția lui Dumnezeu, acela o va împărtăși în chip nevăzut și celorlalți. Oamenii vor fi atrași de pacea și de căldura noastră, vor dori să fie împreună cu noi și, treptat, vor fi cuceriți de atmosfera cerurilor. Nici măcar nu este nevoie să le vorbim oamenilor despre asta – Cerul va izvorî din noi chiar și atunci când tăcem ori rostim cele mai obișnuite lucruri; acesta strălucește dintru noi și fără să ne dăm seama.

În cel lipsit de ascultare nu se va sălășlui Împărăția lui Dumnezeu, căci acesta întotdeauna va vrea să se facă voia lui, și nu voia lui Dumnezeu. În Împărăția Cerurilor nu sunt cu putință împărății întru Împărăție. Asta au vrut „duhurile cele căzute", și din această pricină au căzut de la Domnul, Împăratul Slavei.

Sufletul care a căzut în cercul vălmășagului gândurilor, în atmosfera iadului, sau care doar s-a atins de ea, încearcă chinuri drăcești. De pildă, răsfoim ziarele ori ne plimbăm pe străzi, și apoi, dintr-odată, simțim că s-a tulburat ceva în lăuntru, în sufletul nostru, simțim un gol, o mâhnire. Aceasta se întâmplă din pricină că, citind felurite lucruri, am pierdut mintea unită, adunată, ne-am împrăștiat, și atmosfera iadului „se pogoară" asupra noastră. Tot așa se întâmplă și când ne aflăm pe stradă multă vreme.

Despre propovăduire

Părintele Tadei/ Nu trebuie să propovăduim cu mintea, ci cu inima. Numai ceea ce vine din inimă atinge inima celuilalt. Să nu atacăm niciodată, să nu fim potrivnici nimănui. Dacă cel ce propovăduiește trebuie să-i întoarcă pe oameni de la vreun rău, să o facă cu blândețe, cu smerenie și cu mare frică de Dumnezeu.

***

Despre smerenie

Părintele Tadei/ Cel smerit pe orice om îl socotește mai presus decât el – și nu numai pe fiecare om, ci și întreaga făptură.

Cum putem socoti o făptură mai presus decât noi, când Dumnezeu ne-a împodobit cu minte și ne-a numit fii ai Săi?

Părintele Tadei/ Dacă veți pune mâna pe inimă și veți fi sinceri cu voi înșivă, veți pricepe că sunteți mai prejos decât toată făptura. Luați aminte la albină cum zorește și trudește. Se dăruiește fără cruțare și fără opreliști. Albina trăiește, cu totul, o lună și jumătate, și adesea piere muncind pe câmp, și nu se mai întoarce la stupul ei. Și omul cât se gândește la sine, și cât își plânge de milă! Sau priviți furnica: cum nu se plictisește să poarte neîncetat ceva?! Iar atunci când îi cade sarcina, o ridică și își continuă cu răbdare munca. Iar noi, dacă nu avem spor de îndată, degrabă renunțăm la acel lucru.

Eram de față, odată, când o bunică l-a întrebat pe Părintele T. ce să facă, așa încât nepoții ei să fie credincioși.

Părintele Tadei/ Trebuie ca bunica lor să fie totdeauna blândă, bună, să nu se supere niciodată, să fie mereu binevoitoare, să-i asculte pe toți – când, iată, ei nu vor să o asculte. Poate că acum nepoții nu vor fi credincioși, dar cândva, mai târziu, își vor aminti de bunica lor, și amintirea ei îi va face mai buni...

CAPITOLUL IV

SĂ NE POCĂIM, SĂ NE SCHIMBĂM!

Predică ținută în Novi Sad în anul 1997.

Voi înșivă vedeți cum este viața noastră aici, pe fața pământului. Noi, creștinii, dorim atât mântuirea noastră, cât și a semenilor noștri, și tânjim după desăvârșire. Cei care nu sunt credincioși doresc să ajungă la desăvârșire întru cele materialnice ale vieții.

Încă din fragedă tinerețe am purces spre a-I sluji Domnului. Aveam o sănătate firavă și m-am gândit să-mi petrec viața aceasta scurtă după voia lui Dumnezeu. Îi mulțumesc lui Dumnezeu că încă de la bun început m-a îndrumat către nevoitorii ruși de la Mănăstirea Milkovo.

În mănăstirea aceasta, mare parte erau monahi ruși refugiați, iar printre ei se aflau și oameni sfinți; pentru că eram încă copil, primeam toate cele ce îmi spuneau ei. Întreaga viață m-a chinuit gândul: „Care este rostul vieții?" Mă întrebam unde duce această viață: oare spre bogăția materială, pe care omul se trudește atât să o agonisească, să mănânce și să bea – oare asta să fie totul? Slavă lui Dumnezeu, în viața Sfântului Serafim de Sarov, ne deslușește că țelul vieții este întoarcerea în brațele Tatălui nostru Ceresc, ca noi, oamenii, să fim aici, pe pământ, asemenea Îngerilor din Ceruri, care sunt călăuziți de Duhul Sfânt.

Așadar, cu toții tânjim după desăvârșire și dorim să descoperim care este scopul vieții acesteia. Descoperim acest lucru treptat, după cum spun Sfinții Părinți: „Treptat, crește în noi credința." Unul dintre Sfinții Părinți chiar spune: „Credința mea din anii tinereții, față de cea pe care o am acum, la bătrânețe, era pur și simplu necredință." Credința noastră sporește treptat, și atunci când se întărește întru Domnul se face puternică și tare.

DESPRE PROTESTANTISM

Astăzi se întâmplă multe în lume. Am auzit multe despre protestanți. Ei au căzut de la biserica apuseană și nu s-au unit niciodată cu Biserica Răsăritului, introducând multe inovații în credința lor. Protestanții se ostenesc și se roagă mult, au dezvoltat un misionarism mai aprig decât biserica [romano-]catolică, dar nu sunt conștienți și nici nu știu că se află sub stăpânirea duhurilor din văzduhuri. Toți cei pe care protestanții îi aduc la creștinism sunt cuprinși de îndată de o putere rea și intră sub stăpânirea duhurilor căzute.

Sunt în jur de 200.000 mii de Indonezieni care au trecut la protestantism. Toți acești oameni sunt de îndată cuprinși de duhuri necurate. La ei se întâmplă „mari minuni": învie morți, prefac apa în vin, fac operații cu mâinile goale, deschid și închid pântecele cu mâinile. Sfinții Părinți spun: „Ceea ce credința dorește, Dumnezeu făptuiește, dar plinătatea vieții creștinești este desăvârșita smerenie." Chiar unul dintre Prorocii Legii Vechi grăiește: „Numai asupra celui blând și smerit cu inima voiu privi." /cf. Is. 66, 2/ Cei blânzi și smeriți sunt moștenitorii Împărăției Cerurilor, așa că vă doresc tuturor să fiți și voi fii ai Luminii, și să ne aflăm împreună înaintea Domnului, să-L slăvim pe Domnul pururea și în veacul veacului.

CUM NE SUNT GÂNDURILE, AȘA NE ESTE ȘI VIAȚA

Apostolul Pavel spune: „Ce folos este, frații mei, de ar zice cineva că are credință, iar fapte nu are?" /Iac. 2, 14/ Și Satana crede și se cutremură, dar se împotrivește lui Dumnezeu, se împotrivește la tot binele. Mulți, aici, pe pământ, se socotesc a fi necredincioși, dar dacă stăm să cugetăm mai bine la noi înșine, vom vedea că nu se află în această lume nicio ființă cugetătoare a cărei inimă să nu tânjească după viața cea adevărată și după dragostea cea desăvârșită. Dragostea cea desăvârșită nu cade niciodată – rămâne veșnic. Noi năzuim cu toată inima noastră spre binele cel desăvârșit, după pacea cea desăvârșită; de fapt, noi tânjim cu toată inima noastră după Dumnezeu. *Dumnezeu este Viață, Dumnezeu este Dragoste, Dumnezeu este Pace, Dumnezeu este Bucurie.*

Inima noastră tânjește după Dumnezeu, dar ne împotrivim Lui prin gândurile noastre. Satana crede și se cutremură, dar se împotrivește. Asemenea și necredinciosul: nu este necredincios, ci întotdeauna potrivnic lui Dumnezeu. Așadar, inima noastră tinde spre Dumnezeu, dar noi ne împotrivim Lui. Împotrivirea noastră nu-L va vătăma pe Dumnezeu – căci El este Atotputernic –, ci pe noi înșine ne va păgubi.

Gândurile, starea lăuntrică, dorințele ne ocârmuiesc viața. Așa cum ne sunt gândurile cu care ne îndeletnicim, așa ne este și viața. Dacă avem gânduri de pace, liniște, dragoste deplină, bunătate, virtute, curăție, atunci și întru noi va fi pace, căci toate gândurile de pace aduc pace lăuntrică, care răzbate din noi – căci gândurile ne sunt pline de pace, liniște, dragoste și bunătate. Dacă purtăm întru noi gânduri rele, diavolești, atunci și pacea noastră lăuntrică se nimicește.

Sfinții Părinți spun despre gânduri: „Orice gând care năruiește pacea și gândurile ce nu ne dau pace, acestea toate de la diavol sunt, și trebuie să le îndepărtăm și să nu le primim." Trebuie să ne ostenim pentru binele nostru, ca să se întărească în noi pacea, bucuria, dragostea cea Dumnezeiască. Părintele nostru cel Ceresc voiește ca fiii Săi să aibă trăsăturile Lui Dumnezeiești: vrea să fim cu toții plini de dragoste, pace, mângâiere, bucurie, adevăr, virtute. Domnul, și noi toți, dorim să fim blânzi și smeriți, căci din sufletul cel blând și smerit izvorăște virtutea și bunătatea. Un astfel de suflet – chiar și atunci când tace –, răspândește întotdeauna valuri de liniște, de pace, pline de dragoste și de bunătate. Un asemenea suflet nu se simte rănit când este ocărât sau certat – puteți chiar să-l loviți, iar lui îi va fi milă de voi pentru că vă chinuiți atât de mult. Astfel de oameni sunt puțini pe pământ, dar pentru ei strălucește soarele și ne binecuvântează Dumnezeu cu viața, cu toate cele de trebuință vieții noastre. Trebuie să ne schimbăm cugetul!

PACEA GÂNDURILOR ÎN FAMILIE

Vedeți și voi cum stârnim în familie înțelegere ori dezbinare, după cum ne sunt gândurile și dorințele. Dacă stăpânul casei este copleșit de griji și de gânduri legate de vreo nevoie, prin acestea el pricinuiește tulburare nu numai lui, ci și întregii sale familii. Toți cei ai casei sunt mâhniți, nu au pace, nici mângâiere. El, ca stăpân al casei, trebuie să răspândească bunătate și să o împărtășească tuturor celorlalți din casă. Așa suntem noi: „aparat cugetător". Eu, la vremea mea, nu am știut că omului nu îi este îngăduit să-și necinstească părinții – nici pe cei trupești, nici pe cei duhovnicești. Nu ne este îngăduit să îi vătămăm nici măcar prin gândurile noastre.

La vremea mea nu pricepeam că defăimarea are urmări grele pentru noi toți. Am avut mult de suferit din pricină că l-am defăimat pe tatăl meu prin gândurile mele, și nici acum nu mă pot pocăi îndeajuns pentru asta. Tatăl meu era un om pașnic, liniștit, blând, de o bunătate nemaipomenită. Niciodată în viața lui nu a fost bolnav, căci a avut întotdeauna pace lăuntrică, încât și organele lucrau fără împovărare. Și-a privit întreaga viață ca pe un spectacol. Nu se simțea jignit dacă cineva îl ocăra, era pașnic și liniștit. Aș fi fericit să am trăsăturile lui de caracter. Noi, bărbații, semănăm în mare parte mamelor, pe când fetele seamănă taților. Oamenii nu știu de ce se întâmplă așa, de ce într-o familie se nasc fete, iar în alta băieți. Oamenii nu știu de ce se întâmplă așa, nu înțeleg, dar Domnul ne-a arătat de ce și cum se întâmplă astfel. Depinde foarte mult de tiparul sângelui părinților: dacă acesta este asemănător la cei doi părinți, copiii vor fi și băieți, și fete; însă dacă tiparul mamei este mai puternic, atunci se nasc băieți, iar dacă este mai puternic al tatălui, se nasc copii de parte femeiască. Acest lucru poate fi văzut în multe locuri. Putem vedea același lucru și la albine. Apicultorii știu bine că matca se împerechează numai o singură dată în viață cu un trântor. Cea care rămâne în viață în urma împerecherii este cea care poartă ouăle în ea. Atâta vreme cât poartă în ea sămânță și de parte femeiască, și de parte bărbătească, naște și albine lucrătoare, și trântori. După doi ani, apicultorul trebuie să o îndepărteze, căci poartă numai ouă de trântori – numai parte bărbătească –, nu și de lucrătoare.

Vedeți? În multe locuri Domnul ne descoperă de ce se nasc copii și de parte bărbătească, și de parte femeiască. Dumnezeu ne descoperă totul, dar este trebuință de puțină cugetare, căci sunt multe taine, iar noi nu știm a le pricepe.

Din gândurile noastre izvorăște binele sau răul, pacea sau dezbinarea în familie, iar cei credincioși vor întotdeauna să fie buni și plini de pace. Ei se ostenesc, dar adeseori grijile pământești îl împovărează pe om. Domnul a luat asupra Sa toate grijile noastre, căci noi nu ne putem ajuta singuri, ci numai încâlcim lucrurile.

DACĂ POPORUL S-AR POCĂI, N-AR MAI SUFERI ATÂT...

Noi, acum, în țara noastră și pretutindeni în lume, culegem roadele gândurilor și dorințelor noastre. Dacă gândurile și dorințele noastre nu sunt bune, nici rodul lor nu poate fi bun. Avem nevoie să ne pocăim și să ne schimbăm viața. Pocăința nu înseamnă numai să mergi la preot, ci trebuie să ne curățim sufletul de acele gânduri și de depresia în care am căzut din pricina drumului întortocheat al vieții. Pocăința înseamnă înnoirea vieții, întoarcerea către Binele cel desăvârșit, lepădarea de cele rele ale vieții. Până și oamenii credincioși au prea puțină pocăință – și din pricina asta suferim. Dacă poporul nostru s-ar fi pocăit, n-am mai fi fost încercați de necazurile prin care trecem acum, căci noi înșine, prin cugetele și prin dorințele noastre, ne complicăm viața. Până acum nu am știut asta, acum însă înțeleg că sunt vinovat pentru toate. Sunt vinovat pentru toate, și încă foarte mult! Întotdeauna m-am minunat de faptul că Sfinții Părinți s-au socotit pe ei înșiși cei mai răi dintre toți oamenii.

SĂ RĂBDĂM ȘI SĂ NU-I MÂHNIM PE PĂRINȚI

Venea la mine o tânără; mama și tatăl ei erau medici. A venit la mănăstire, la Vitovnița, și m-a întrebat multe lucruri. Am văzut că era foarte mâhnită pe mama ei. Pe tată îl iubea mult, dar pe mamă nu. Când am întrebat-o de ce, mi-a spus că mama ei nu a vrut să aibă fată, ci băiat. Ea avea un frate mai mare, dar acesta plecase să trăiască la Paris. Am rugat-o să nu se vrăjmășească cu mama sa, care a purtat-o în pântece, i-a dat naștere și a crescut-o. Tatăl ei a murit, mama a rămas văduvă, iar ea era singura mângâiere a mamei sale.

Fata fugise de două ori la mănăstire, de unde a întors-o tatăl ei. I-am spus să nu-și mâhnească părinții și să rabde, căci monahie poate fi și fără rasă. Dumnezeu nu cere de la noi uniformă, ci vrea ca viața noastră să fie bună și plină de virtuți.

POȚI FI MONAHIE ȘI ÎN LUME

Poți fi monahie și în lume. În Rusia au fost mulți monahi, monahii și preoți care nu purtau uniformă, căci acest lucru era oprit. În Rusia a crescut mult duhul evlaviei. Va da Domnul să fie așa și la noi, numai că trebuie să ne rugăm din inimă Domnului să ne ajute, căci ne-am răcit foarte mult. Credința noastră trebuie să crească. Ea sporește cu vremea: se face puternică și mai puternică.

DOMNUL NE AJUTĂ CÂND NE POCĂIM

Dacă ne rugăm din inimă, Dumnezeu ne împlinește rugăciunea, căci El este Dumnezeul nostru, al tuturor, Părintele nostru, și de aceea trebuie să sporim în rugăciune. În țara noastră, trebuie să fim uniți într-un cuget, și dacă vom dobândi aceasta, nu vom mai avea vrăjmași. Dacă privim istoria poporului lui Israil, vedem că vrăjmașii îi biruiau de fiecare dată când se lepădau de Domnul, dar El îi ajuta întotdeauna când aceștia se pocăiau în chip nefățarnic. Domnul este întotdeauna cu noi.

***

SĂ NE ÎNDREPTĂM PE NOI ÎNȘINE

Îi certăm mereu pe politicienii noștri, dar ei sunt copiii noștri. Noi, cei bătrâni, suntem vinovați, și nu ei, căci noi nu le-am dat pilda pe care să o urmeze în viață. Suntem chip al părinților noștri, imaginea celor în vârstă, iar de la ei nu am avut multe de învățat. Noi, cei mai în vârstă, suntem vinovați că nu ne-am îndrumat copiii pe calea cea dreaptă. Se cuvine ca noi, cei înaintați în vârstă, să o luăm de la început, să pornim de la noi înșine – nu să-i îndreptăm din afară pe ceilalți. Sfinții Părinți spun că trebuie să ne îndreptăm pe noi înșine, să ne mântuim – și se vor mântui mulți și în jurul nostru. Trebuie să ne ostenim să fim buni, întotdeauna plini de pace, liniștiți, ca pretutindenea oamenii să simtă pacea și liniștea ce izvorăsc din noi. Eu însumi am văzut cum prin gândurile pe care le am, pot să atrag ori să îndepărtez pe cineva. Trebuie să ne schimbăm: trebuie să ne întărim în credință și apoi să ne ostenim.

CÂND NE RUGĂM, SĂ O FACEM DIN INIMĂ

Când ne rugăm, să o facem din inimă, căci Dumnezeu este Domnul inimii. Sfinții Părinți au dat multe deslușiri despre rugăciunea minții, despre cum trebuie să ne stăpânim mintea și inima. Ei spun că se cuvine să căutăm ca fiecare lucrare, gând și osteneală a noastră – toate – să izvorască din inimă, căci cu inima simțim, iar nu cu mintea – cu mintea cugetăm. Iar când totul izvorăște din inimă, atunci în ea se adună toate puterile minții.

Când ne rugăm, să o facem din inimă, căci Dumnezeu este Domnul inimii. El este miezul vieții fiecărei ființe vii. El este Cel ce izvorăște viața, și nu trebuie să-L căutăm în alt loc. El este aici, și așteaptă să-L primim și să credem în El.

VĂLMĂȘAGUL GÂNDURILOR DIN NOI

Avem prea puțină credință și încredere în Domnul. Dacă am avea atâta încredere în El câtă avem în prietenii noștri atunci când îi rugăm să facă ceva pentru noi – dacă am avea atâta încredere, nici noi și nici țara noastră nu ar mai suferi atâta. Vălmășagul gândurilor din noi și din țara noastră își are obârșia în gândurile noastre. Noi suntem cei care pricinuim lipsa de rânduială a gândurilor, iar dacă politicienii noștri ar fi toți într-un cuget, nu ar mai fi în starea asta. Nu suntem conștienți că în noi se află o putere și o viață Dumnezeiască. Fiecare persoană – ca purtător de putere Dumnezeiască –, când se unește cu altele, făurește o putere uriașă, și vrăjmașul fuge de asta; căci acolo sălășluiește înțelegerea, iar dincolo, dezbinarea. Dacă politicienii noștri ar fi uniți în cuget, nu am mai avea vrăjmași – atunci vrăjmașului nu i-ar mai fi de folos nici armele, nici oastea, nimic.

DE CE ȘI CUM SĂ NE IUBIM VRĂJMAȘII?

Noi suntem ființe dăruite de Dumnezeu, dar nu știm să trăim cum se cuvine – și facem iad și în noi, și în jurul nostru. Vlădica Nicolae istorisea cum un preot cerea mereu să fie mutat în alt loc. Vlădica a răspuns astfel cererii sale: „Părinte, cu dragă inimă te-aș muta unde dorești, dar oriunde vei merge te vei purta pe tine însuți." Și a adăugat: „Nici măcar diavolul nu poate face atâta rău omului, cât își face el singur."

Dumnezeu ne-a dăruit totul – este de datoria noastră să fim buni. Dacă purtăm grija însușirilor rele ale oamenilor care ne vorbesc, nu putem avea pace și pocăință. De ce poruncește Domnul să-i iubim pe vrăjmașii noștri? O face nu pentru ei, ci pentru noi. Atâta vreme cât ținem în noi gândul la ocara pe care ne-au pricinuit-o vrăjmașii, prietenii, rudele, apropiații noștri, nu avem pace și liniște – trăim într-o stare de iad. Trebuie să ne slobozim de acest rău, să-l izgonim ca și cum n-ar fi nimic, să iertăm totul.

MULTĂ GRIJĂ ȘI MULTĂ DRAGOSTE – ALTĂ CALE NU ESTE

Părinții trebuie să îndure multe în viață și în familie cu copiii. Noi îi certăm acum pe copiii noștri, dar nu avem dreptate, căci nu i-am îndrumat pe calea cea dreaptă. O doctoriță mi-a trimis o scrisoare, în care îmi spune: „Eu și bărbatul meu, care este și el doctor, avem un fiu care a distrus până acum trei mașini, și numai mulțumită lui Dumnezeu a rămas viu. Acum ne cere să-i cumpărăm iarăși mașină, dar nu mai avem posibilitatea materială să o facem. Când ne întoarcem de la serviciu, și de la mine, și de la tatăl lui, cere bani cu sila. Ce să facem și cum să rezolvăm această problemă?" Eu i-am răspuns la toate acestea zicându-i că nu pot învinui pe nimeni pentru ce s-a întâmplat, căci totul este din vina lor. Au avut un singur fiu și i-au făcut toate după voie încă de când era mic. Când era mic, dorințele lui erau mici; acum el a crescut, și dorințele lui au crescut. Tot ce le-a mai rămas acum de făcut este să dăruiască multă dragoste și atenție fiului lor, ca să-și vină în fire și să înțeleagă că părinții îi doresc tot binele. Altă cale nu este! Vedeți că prin gândurile și dorințele noastre putem îndrepta viața noastră și a celor apropiați nouă?! De aceea eu vă doresc să fiți așa!

CĂLUGĂRUL SE ROAGĂ PENTRU TOATĂ LUMEA

Unii m-au întrebat ce înseamnă să fii monah purtător de schimă mare? Au primit răspuns de la Preasfânta Născătoare de Dumnezeu: „Este rugătorul pentru întreaga lume, cel ce se roagă Domnului ca El să mântuiască întreaga lume." Datoria noastră este să ne rugăm așa, sincer, pentru toți, ca Domnul să dăruiască tuturor pace și bucurie.

COPIII SMERIȚI, BLÂNZI ȘI NEVINOVAȚI

Slavă lui Dumnezeu pentru copiii smeriți, blânzi și nevinovați, pentru care Domnul ne și dăruiește bunăstare! Slavă lui Dumnezeu că țara noastră are o climă temperată și aici poate crește orice! În ținuturile din Sahara, Palestina și Orient plouă doar iarna, iar cei de acolo se trudesc mult, nouă însă Domnul ne-a dăruit tot binele, și de aceea se cuvine să fim buni.

CREDINȚA SPOREȘTE TREPTAT

De-a lungul vieții, credința noastră sporește treptat: acea primă cunoștință dobândită de la părinții noștri, de acasă, iar apoi ne încredințăm că Domnul ne poartă de grijă și nu privește la chipul nostru, ci la inima noastră. Dumnezeu privește la inima noastră, care Îi aparține întru totul.

DESPRE PUTEREA PĂRINȚILOR ASUPRA COPIILOR

Priviți-i pe cei căsătoriți! Toți cei care s-au căsătorit fără binecuvântare ori au fost siliți să se căsătorească nu au pace, și zadarnică este iubirea lor. Luați aminte cât de mare este puterea părinților – și trupești, și duhovnicești. Adesea i-am auzit pe părinții cei trupești și pe cei duhovnicești zicând întocmai ceea ce se va întâmpla cu copiii lor mai târziu.

Odată m-am mirat de felul în care doi părinți credincioși și-au ucis fiul prin gândurile lor. Acest singur fiu al lor – copil credincios, crescut din copilărie în acest duh – era de-a dreptul ca un Înger, era de o bunătate neînchipuită. Odată a venit la el o fată din ținutul lui să-i ceară ajutorul. Ea era însărcinată cu un bărbat oarecare, iar acum îl ruga pe acest tânăr s-o ia în căsătorie, căci părinții și frații ei sunt aspri, și dacă află că este însărcinată, nu-i rămânea altceva de făcut decât să se omoare. El a încuviințat să iscălească un astfel de contract de căsătorie, iar după ce se va naște copilul și va începe să meargă, băiatul va merge de îndată pe calea lui, iar fata pe a ei. Cum asta se întâmpla într-un sat mic, totul s-a aflat de îndată, iar mama lui nu a putut îndura cele întâmplate, cu toate că tatăl spunea că este vorba de viața fiului lor, și nu de a ei – dar aceasta nici nu voia să audă. „Nu vreau să-l mai văd viu!" obișnuia să zică. Așa s-a și petrecut. În timp ce conducea o motocicletă, fiul lor a avut un accident împreună cu un prieten. După ce s-a întâmplat aceasta, mama a venit la mine tristă și mâhnită, iar eu i-am spus: „Tu ți-ai omorât singurul fiu! Vezi cât de puternice sunt gândurile tale? Ai zis că nu vrei să-l mai vezi viu, și asta s-a și întâmplat!" Adesea părinții nici n-o știu, dar pentru noi, copiii lor, ei au dreptate și trebuie să-i ascultăm în chip desăvârșit – atunci binecuvântarea va fi asupra noastră.

Din păcate, puțini sunt cei ce își cinstesc părinții ca pe ceva sfânt. Eu am suferit mult, căci adesea îl osândeam pe tatăl meu, socotind că-și petrece prea puțină vreme cu copiii lui. Așadar, aceste gânduri ale mele îmi ocârmuiau viața, și mult am suferit din pricina lor! În timpul ocupației, de două ori am fost osândit la moarte. La început nu știam din ce pricină, dar când m-am dezmeticit, am văzut că eu sunt cel care mi-am rânduit viața astfel.

Neîndoios este faptul că cei ce poartă în ei dragoste nemărginită deschid orice ușă. Și acolo, pe câmpul de luptă, unde nu este viață, și acolo Domnul îi păzește în chip minunat pe cei care au dragoste pentru părinții lor – atât trupești, cât și duhovnicești. Vedeți? Dacă am fi așa, lumea nu s-ar mai afla în starea aceasta. Acum trebuie să ne rugăm. Trebuie să ne rugăm cu toții, iar Domnul ne va dărui putere și ajutor.

DOMNUL ESTE STĂPÂNUL TUTUROR MINȚILOR

Domnul este Stăpânul tuturor minților. El este tare și are puterea de a schimba fiecare persoană pentru a-și veni în fire, căci dacă nu ne trezește Domnul, atunci cine o va face, dacă nici mama, nici tatăl nostru nu ne-au îndrumat pe calea cea dreaptă? Nici la școală nu se pot învăța prea multe despre viață, fără numai să mâncăm și să bem.

DESPRE GÂNDURI

Eu, încă de când eram copil, cugetam îndelung la toate. Încă de când eram copil luam aminte la gânduri, și văd acum că am îmbătrânit și încă nu am ajuns la acea treaptă la care ajunsesem pe când eram copil – căci Însuși Domnul îi luminează pe copii. Eram copil – măcar că nu mergeam la școală –, și tot băgam de seamă cum gândurile mele rătăcesc, în timp ce toți ceilalți copii se jucau. „Asta nu-i bine!", îmi spuneam eu în sinea mea. „Trebuie să fiu aici, prezent cu gândul, ațintindu-mi mintea numai la lucrul acesta." Dar în zadar: gândurile îmi hoinăreau neîncetat. Copil fiind, cugetam la toate acestea, iar acum văd că am îmbătrânit și încă nu am ajuns la treapta aceea. Din această pricină am avut dorința să văd ceea ce simțeau Sfinții Părinți, care încă din timpul vieții au fost proslăviți de Biserică, iar mai târziu și în Ceruri.

ÎMPACĂ-TE CU TINE ÎNSUȚI

Slavă lui Dumnezeu că am viețuit o vreme cu Rușii și am putut citi operele Sfinților Părinți. Sfântul Isaac Sirul este un psiholog de neîntrecut între Sfinții Părinți. În scrierile sale spune: „Omule, nu-ți da pacea ta cea din lăuntru pentru nimic în lume! Să-ți păzești cu orice preț pacea lăuntrică. Împacă-te cu tine însuți, și atunci și Cerurile, și pământul se vor împăca cu tine." Vedeți cât de adânci sunt aceste gânduri?! De multe ori repet asta, dar nici până astăzi n-am putut ajunge la această treaptă.

FĂRĂ DOMNUL, NICI PE NOI ÎNȘINE NU NE PUTEM IUBI

Cu toții putem fi buni dacă ne unim cu Izvorul vieții, cu Dumnezeu, din toată inima noastră. Atunci El ne va dărui puterea de a ne iubi și pe noi, și pe aproapele nostru. Fără Domnul, nu ne putem iubi nici pe noi înșine. Mulți cad adesea în deznădejde și se ridică împotriva vieții lor, curmându-și-o, căci fără Domnul nu ne putem iubi nici pe noi înșine, cu atât mai puțin pe semenii sau pe vrăjmașii noștri. Prin El putem toate, căci El este puterea și viața noastră. Trebuie să dăruim cuiva inima noastră – însă dacă o dăruim cuiva de pe fața pământului, oricine ne poate răni. Toți căutăm dragoste veșnică și neschimbătoare, pace fără de sfârșit, dar cine ne poate da toate acestea? Nu ni le poate da nici mama, nici tatăl, nici fratele, nici sora. Toți aceștia ne pot părăsi, disprețui și lepăda. De ce? Pentru că toți suntem mărginiți în timp și în spațiu, și toți ne aflăm în luptă cu puterile cele din văzduhuri, care neîncetat ne întinează gândurile.

Așadar, oricui dăruim inima, acela ne poate părăsi, ne poate răni. Duhurile cele viclene strecoară gânduri în dragostea noastră curată, Dumnezeiască, și caută să ne înrobească. Dragostea cea Dumnezeiască este nesfârșită, atotcuprinzătoare, noi însă ajungem mărginiți, înrobiți, legați nu numai de ființele vii, ci și de lucrurile moarte, care sunt fără de valoare. Inima noastră este înrobită de lucrurile pământești, iar dacă cineva ni le răpește, suferă.

Mai întâi trebuie să-L iubim pe Dumnezeu, și abia apoi pe rudele și pe semenii noștri. Nu ne este îngăduit să fim idoli unii altora, căci aceasta este voia lui Dumnezeu.

OMUL – MICRO-COSMOS

Sfinții Părinți spun că această naștere a noastră pe fața pământului este din îngăduința Domnului, după cădere – căci Dumnezeu le-a făcut pe toate și El este tuturor Părinte –, dar iată, din păcate, toate s-au tulburat. S-a tulburat și firea noastră, căci strămoșii noștri erau nemuritori. Prin căderea omului a venit moartea, s-a tulburat lumea materială a Cosmosului, căci Adam a fost zidit ca o cunună a întregii Zidiri și stăpân al întregii materii. În fiecare persoană este reprezentată întreaga lume materială a Cosmosului și toate puterile cugetătoare, de aceea se spune că omul este un micro-cosmos, o „lume mică". Trebuie să ne întoarcem în brațele Părintelui nostru, ca să ne întărească în credință, să fim puternici întru El, și așa, împreună cu Domnul, vom vedea Împărăția Sa.

RAIUL ȘI IADUL SUNT STĂRI REALE ALE SUFLETULUI

Iată, planeta noastră se apropie de sfârșitul ei; tot ceea ce s-a întâmplat – până acum, și mai cu seamă în această scurtă vreme –, totul trece neînchipuit de repede, și slavă lui Dumnezeu că este așa, ca viața noastră să nu fie în zadar, să nu ne chinuim aici fără folos, căci Împărăția Cerurilor este o stare gândită a sufletului, iar iadul asemenea; noi, acum suntem în Rai, acum în iad. Când ne aflăm într-o stare rea, în noi este iad, nu avem pace, nici liniște. Iar când avem în inimă bucurie, atunci ne simțim ca în Rai. De aceea trebuie să ne ostenim neîncetat în rugăciune. Puțini sunt cei de pe fața pământului care primesc Harul în dar. Am cercetat cu foarte mare luare-aminte ceea ce au simțit Sfinții Părinți în timpul vieții și cum au izbutit să păstreze acest dar al Harului până la sfârșit, aici – Harul primit în dar.

***

PUȚINI SUNT CEI CARE DOBÂNDESC DARUL HARULUI

Sfinții Părinți spun că aici, pe pământ, se află oameni care au păcătuit mult, care au cercarea vieții, dar care, atunci când s-au întors la Domnul, nu s-au mai abătut nici la dreapta, nici la stânga, ci au mers de-a dreptul către Domnul. Și Sfântul Apostol Pavel, și Maria Egipteanca, și mulți alții, când s-au întors la Domnul, au rămas cu El. Noi încă nu am ajuns la această treaptă, pe noi încă ne atrage ceva aici, pe pământ. La noi, ba e odihnă, ba e luptă și război, dar puțini sunt cei care dobândesc darul Harului. Eu tare m-am minunat când am înțeles că puțini sunt monahii care au primit Harul în dar și că mulți dintre oamenii din lume au primit acest Har.

STARE DE PACE ȘI BUCURIE DE NEGRĂIT

De câțiva ani tot vine la mine un tânăr din Bania Luka, care se îndeletnicește cu rugăciunea lui Iisus. De puțină vreme, un prieten de-al lui, care este căsătorit și are copii, a învățat și el să se îndeletnicească cu rugăciunea lui Iisus. Mult m-am minunat când prietenul său a venit și mi-a spus cum inima i se roagă neîncetat și rugăciunea curge neîntreruptă. Acest tânăr era atât de luminat de bucurie, plin de o pace negrăită! El s-a încredințat pe sine, pe soția și pe copiii săi lui Dumnezeu și a dobândit Harul în dar. Prietenul care i-a pomenit de rugăciunea lui Iisus nu a dobândit acest Har, cu toate că s-a rugat îndelung pentru a-l primi. Așadar, Domnul privește la inima noastră, iar când noi ne rugăm din inimă, Domnul ne mângâie de îndată. Numai cei care au primit Harul în dar pot cunoaște starea Sfinților și a Îngerilor. Ceilalți nu o pot cunoaște. Ne rugăm noi lui Dumnezeu și ne trudim, dar dacă cineva nu a dobândit Harul în dar, nu poate înțelege starea Îngerilor și a Sfinților, căci aceasta nu poate fi deslușită în cuvinte – este o stare de pace și bucurie de negrăit. Știi cum erai înainte, te mâniai. Acum însă, nici urmă de mânie. Nu se află om care să te poată vătăma, nu este niciun gând necurat care să-ți poată face rău, căci ești împrejmuit, călăuzit de Duhul Sfânt. Unii ca aceștia pot înțelege starea Preasfintei Născătoare de Dumnezeu, care, din pântecele mamei sale până la sfârșitul vieții pământești – și întru veșnicie –, a fost și este plină de Dumnezeiescul Har.

Sfântul Dionisie, ucenic al Sfântului Apostol Pavel, a dorit să o vadă pe Sfânta Maică, și când a ajuns la Ierusalim, l-au dus în odaia care o adăpostise pe Preasfânta Maică. Apoi, de îndată luminându-se, a grăit cu pace și bucurie: „Dacă n-aș fi știut cu adevărat că este Dumnezeu, pentru mine Preasfânta Maică ar fi fost Dumnezeu." De aceea a lăsat-o Domnul pe Preasfânta Maică să fie mângâiere Sfinților Apostoli, căci ei mult au fost prigoniți din toate părțile. Ea a fost mare mângâiere pentru ei, căci a răspândit pretutindenea în jurul ei pacea și bucuria lui Dumnezeu. Iată de ce trebuie să ne rugăm – să ne rugăm din inimă și să tânjim din inimă după Dumnezeu! Și atunci Domnul ne va da Harul Său, și oriunde ne-am afla vom simți starea Îngerilor și a Sfinților, și nimeni nu ne va mai putea vătăma. Iubiți-i pe toți și veți avea pace și bucurie nespusă – de negrăit în cuvinte!

Spuneți-mi, Părinte Stareț, de ce, în ciuda iubirii pe care o avem pentru Domnul și pentru o viață virtuoasă, ne împotrivim totuși voii Sale, după cum ați zis la începutul cuvântului dumneavoastră?

Părintele Tadei/ Viața aici, pe pământ, este o luptă necontenită a trupului și a minții. Războiul este mai întâi al gândurilor, iar când nu mai putem lupta cu gândurile, atunci ne războim fizic între noi. Suntem într-o stare așa de rea, aici, pe pământ – și credem că ne luptăm pentru Credință! Noi, ca persoane, nu putem face nimic pentru Credință, ci numai dacă ne unim – aceasta este puterea și tăria. Suntem datori să ne luptăm, căci suntem copii ai unor părinți căzuți, iar vrăjmașii noștri, puterile cele cugetătoare, ne abat necontenit de la calea cea dreaptă. Vrăjmașul îi învață pe copii să se împotrivească de mici părinților. Știe bine vrăjmașul că, de se împotrivesc copiii încă de mici, cu ușurință îi va îndruma mai târziu întreaga lor viață și vor fi ai lui.

Nu cu multă vreme în urmă, au venit la mine niște părinți cu fiica lor de zece, cel mult doisprezece ani. Îi cer copilei să-mi spună ce se întâmplă cu ea, iar ea îmi spune: „Îi iubesc pe tatăl și pe mama mea, căci și ei mă iubesc mult. Îi iubesc foarte mult, dar nu știu de ce îmi vine neîncetat în minte gândul să mă împotrivesc mamei și tatălui, să nu ascult de ei, cu toate că nu vreau să fac asta. Eu vreau să ascult și de mama, și de tata, dar nu am pace."

Vedeți cum lucrează duhurile de sub cer?! Pentru aceea, neîncetat ne luptăm să ne întărim credința, iar puterile din văzduhuri necurmat ne tulbură gândurile. Vreme de doisprezece ani, un pustnic a fost muncit de gândul că nu este Dumnezeu. Nevoitor în singurătate, el a fost totuși chinuit de un astfel de gând. Și doisprezece ani întregi s-a luptat cu duhurile cele căzute, dar a știut Domnul de ce a fost nevoie ca gândurile să-l năpădească zi și noapte, de a îngăduit să se afle într-o astfel de luptă.

Între bine și rău este luptă și război. Noi dorim să fim buni, dar duhurile din văzduhuri nu vor să avem nici măcar o însușire bună, ci numai însușiri rele... Iată, de aceea luptăm! Noi nu ne putem lupta de unii singuri... Dumnezeu este Voievodul nostru, Ocrotitorul nostru, căci noi înșine nu putem decât să căutăm sincer ajutor de la Domnul – și Domnul ne va ajuta.

Odată, pe când eram greu bolnav, mi S-a arătat Mântuitorul, Care mi-a spus să mă închin Preasfintei Sale Maici, căci ea este Apărătoare și Ocrotitoare a monahilor. De aceea trebuie să luptăm, pentru aceasta purtăm războiul gândurilor: Războiul gândurilor noastre nu este în trup și sânge, ci cu duhurile din văzduhuri. Sfântul Apostol Pavel spune: „Lupta cea bună m-am luptat, credința am păzit." /2 Tim. 4, 7/

Pentru aceasta, trebuie să ne închinăm neîncetat Domnului și Preasfintei Sale Maici. Trebuie să ne rugăm Domnului ca să ne învrednicească a-L iubi și noi pe El așa cum L-au iubit Preasfânta Maică, Îngerii și Sfinții. Căci Domnul este puternic și tare ca să ne ajute să facem astfel, să fim astfel. El dorește să fim așa și să rămânem în vecii vecilor, și în toate veacurile – întru veșnicie –, întru dragostea și îmbrățișarea Sa. De aceea și ție îți doresc, suflete, așa să te rogi Lui, Domnului, să te învrednicească a-L iubi tot atât de tare precum Îl iubesc Preasfânta Maică, Îngerii și Sfinții. Atunci vei simți pace și liniște în inimă, căci îți închini inima Aceluia Care este fără de sfârșit, Care Își poate împărți dragostea fără de hotar, pacea Sa cea nesfârșită.

DESPRE BINECUVÂNTAREA PĂRINȚILOR

Ne puteți spune ceva mai mult despre pricina pentru care nu trebuie să plecăm la mănăstire fără binecuvântarea părinților?

Părintele Tadei/ Părinții sunt stăpâni peste copiii lor și au mare putere asupra lor. Ei își pot încredința copiii lui Dumnezeu ori satanei. M-am minunat când am înțeles câtă putere au părinții asupra copiilor lor – o putere nemaipomenită! Nu numai părinții au putere mare asupra copiilor, ci și bărbatul asupra femeii.

În 1943, pe când eram la Belgrad, a venit la mine o femeie credincioasă, a adus câteva lucruri pentru mănăstire și m-a rugat să mă rog pentru o familie. Această familie avea doi copii: o fată de nouă ani, paralizată, și un fiu care lucra ca negustor la o vestită familie belgrădeană. Când am început să mă rog sincer pentru femeia aceea și pentru copiii ei, am fost încercat de multe ispite și necazuri. Nu aveam pace și liniște. Atunci am mers la duhovnicul meu să mă spovedesc și i-am spus că ori de câte ori mă rog pentru familia aceasta îmi pierd pacea și liniștea. Atunci el mi-a zis: „Roagă-te! Roagă-te pentru ei!" Iar eu am continuat să mă rog, dar tot nu aveam pace și liniște. A venit iarăși femeia aceea credincioasă la mănăstire, iar eu am rugat-o să-mi spună mai multe despre ea. Mi-a povestit că era căsătorită cu un Evreu din Bitolia. A avut cu acesta un fiu, pe care, după terminarea gimnaziului, l-au trimis să învețe negustoria la o familie bogată de negustori belgrădeni. Au socotit că va învăța mai bine negustoria în familia aceea. Fiul a fost primit, iar mama lui îl vizita adesea. După o vreme, s-a angajat și ea la același negustor, făcând curățenie în magazin. Când s-a întors acasă, femeia i-a spus bărbatului că s-a hotărât să-l părăsească și că nu mai poate trăi cu el. Atunci ea nu știa că era însărcinată a doua oară cu soțul ei. Acesta a rugat-o să rămână, căci până atunci trăiseră în bună înțelegere și fără certuri chiar dacă ea era creștină și își botezase primul copil. Tot ceea ce făcuseră ea și bărbatul ei de-a lungul vieții era pentru copil. Acum nu mai dorea nimic altceva decât să plece. Bărbatul ei, foarte mâhnit, înțelegând cât este de încăpățânată, a lăsat-o să plece. Apoi ea a plecat la Belgrad și a lucrat într-un magazin. Am fost la Belgrad, unde lucra ea, să-i împărtășesc al doilea copil. Fata nu era tocmai sănătoasă mintal și nu-și putea folosi mâinile și picioarele. Tot ceea ce-i spusese bărbatul ei s-a împlinit. După aceea, cugetam câtă putere are bărbatul asupra femeii, și vedem asta din cuvintele pe care Domnul i le grăiește Evei: „Pentru ce ai ascultat de șarpe, căci de acum spre bărbatul tău va fi întoarcerea ta, și el te va stăpâni." /cf. Fac. 3, 16/ Atunci am priceput că mamele noastre, când nu-i ascultă pe bărbați, pe soți, fac iad în casă. Vedeți ce face neascultarea! Părinții au mare putere asupra copiilor, dar și bărbatul asupra femeii, căci voia ei este supusă bărbatului. Iată, multe din cele pe care nu le-am știut ni le-a descoperit Dumnezeu, iar acum trebuie să ne străduim să fim buni.

CAPITOLUL V

PACEA ȘI BUCURIA – CEA MAI MARE BOGĂȚIE

Predică ținută în Belgrad

pe data de 31 ianuarie 1998.

POCĂINȚA ESTE SCHIMBAREA VIEȚII

Părintele Tadei/ Pace și bucurie tuturor de la Domnul, căci pacea și bucuria sunt cele mai de seamă bogății ale lumii acesteia și ale lumii celeilalte, după care tânjim cu toții. Putem să avem tot ce ne dorim aici, pe pământ, dar dacă nu avem pace, nimic nu ne folosește. Iar pacea vine din Izvorul păcii, de la Domnul. Când Domnul le-a vorbit Ucenicilor Săi – atunci când aceștia încuiaseră ușile de frica Iudeilor –, întâiul lucru pe care l-a spus a fost: „Pace vouă!" /Lc. 24, 36; Io. 20, 19/

Domnul ne va dărui pacea Sa dacă ne schimbăm întru gând și ne întoarcem către Binele cel Desăvârșit – iar Binele cel Desăvârșit este Dumnezeu. El vrea ca fiii Săi să aibă însușirea Sa cea Dumnezeiască: smerenia. Smerenia deplină este desăvârșirea vieții creștinești. Oriunde domnește smerenia – fie în familie, fie în societate –, răspândește mereu pace și bucurie.

Tot ce este pe pământ – tot binele, dar și tot răul – izvorăște din gânduri. Așadar, trebuie să ne străduim, căci suntem un „aparat cugetător", care emite gânduri dintru sine, prin care avem înrâurire asupra tuturor ființelor cugetătoare, asupra lumii animalelor și asupra lumii plantelor, întrucât și lumea plantelor are un sistem nervos. Toate așteaptă de la noi pace, mângâiere și dragoste.

CE ESTE POCĂINȚA?

Pocăința înseamnă schimbarea vieții. Omul trebuie să se ducă la preot să se spovedească, ori la aproapele său, și să-i spună când un gând îl neliniștește și îi tulbură cu totul pacea. De îndată ce-i împărtășește aceasta, dobândește ușurare, căci noi suntem ființe zidite de Domnul în așa fel încât ne influențăm unul pe altul. Atunci când semenii noștri ne compătimesc pentru soarta noastră, noi primim de îndată putere și mângâiere. Așadar, pocăința este schimbarea vieții. Trebuie să ne schimbăm în cuget, căci viața mult ne-a rănit, și acum vedem că nu numai poporul nostru, ci toată lumea pătimește din pricina asta. Dar este cu putință, dacă ne întoarcem la Izvorul vieții, Domnul, întrucât El ne va da putere să întărim în lăuntrul nostru gândurile cele alese, pașnice, pline de bunătate și de dragoste. Atunci se va arăta cu adevărat pocăința noastră cea sinceră, căci gândurile și dorințele bune și dragostea aduc pretutindenea pace și mângâiere.

Iată, vedeți ce înseamnă pocăința?! Pocăința înseamnă întoarcerea cu totul către Binele cel Desăvârșit: cu inima, cu simțămintele, cu gândurile și cu toată ființa noastră – unirea în dragoste nedespărțită cu Părintele nostru, Ziditorul. De aceea trebuie să fim neîncetat în rugăciune și neîncetat să o rugăm pe Maica Sfântă să mijlocească pentru noi, cei slabi și neputincioși, asemenea și pe Îngeri și pe Sfinți, să ne ajute ca Domnul să ne dea putere să-L iubim din toată vârtutea, așa cum Îl iubesc Preasfânta Maică, Îngerii și Sfinții. Atunci vom fi fericiți și aici, pe pământ, și în veșnicie, căci Dumnezeu este Dragoste, Pace și Bucurie, care plinesc fiecare făptură ce Îl caută din inimă.

TREBUIE SĂ IERTĂM DIN INIMĂ

Așadar, trebuie să ne schimbăm, dacă ne dorim binele nouă și semenilor noștri. Gândurile noastre ne înrâuresc nu numai pe noi, ci și tot ceea ce ne înconjoară. Trebuie să răspândim gânduri bune. Trebuie să răspândim mereu gânduri bune, pașnice și liniștite. Domnul ne poruncește să-i iubim pe vrăjmașii noștri – nu pentru ei, ci pentru noi înșine. Câtă vreme păstrăm întru noi gânduri despre jignirile pricinuite de vrăjmași, de rude, de apropiați, nu vom avea pace. Trebuie să ne slobozim de asta. Deci trebuie să iertăm totul din inimă. Când se iartă toate din inimă, totul este iertat. Abia atunci noi suntem împreună-făcători de pace! Iar această pace nu ne aduce numai nouă bunăstare, bucurie și mângâiere, ci tuturor celor cărora le adresăm gândurile noastre pașnice, liniștite, pline de dragoste și bunătate. Toți simt asta. Vedeți..., când stăpânul casei este împovărat de griji privind întreținerea familiei, nimeni din casă nu are pace din pricina gândurilor lui – nici măcar copiii cei mici, care nu înțeleg mersul vieții. De aceea, noi toți, și mai cu seamă stăpânii casei, trebuie să se încredințeze întru totul Domnului, să I se roage și să priceapă că Domnul este Atotputernic, și atunci când vor cere din inimă ajutor, vor primi. Atunci când suntem întru totul încredințați de asta, Domnul ne va aduce mângâiere. Și dacă greșim ceva față de părinți, aici, pe pământ, sau nu vrem să le dăm ascultare întru ceva, ei, dacă îi rugăm din inimă, simt asta, și de îndată dezgheață inima lor părintească și ne fac după voie ceea ce este bine. Așa și noi toți: trebuie să ne deprindem, trebuie să iertăm totul din inimă!

CUM SĂ DOBÂNDIM PACEA

Mulți mi se adresează și spun că nu pot păstra pacea lăuntrică. Pacea lăuntrică nu poate fi păstrată atâta vreme cât conștiința noastră ne mustră pentru ceva. Așadar, trebuie să împăcăm conștiința. Asta este condiția ca Domnul să ne privească cu Harul Său, și ne va dărui mila Sa, iar mila este putere Dumnezeiască care lucrează pretutindeni, și mai cu seamă în sufletele care-L caută pe El, Izvorul vieții. În Vechiul Legământ este scris: „Dă-mi, fiule, inima ta" /Pilde 23, 25/, căci o pace este pretutindeni – și aceasta este pacea lui Dumnezeu, care este semănată în fiecare suflet și dă mângâiere fiecărui suflet.

***

DOMNUL ESTE SINGURUL CARE DĂRUIEȘTE CEEA CE FIECARE SUFLET ÎȘI DOREȘTE

Domnul este Singura mângâiere a Îngerilor, a lumii și a tuturor celor care Îl caută din inimă. Doar El este Nesfârșit! Putem căuta mângâiere și aici, pe pământ, printre cei apropiați ai noștri, dar toate acestea sunt mărginite, căci noi toți suntem făpturi zidite, având hotar de loc și de vreme, și nu putem dărui nesfârșitul. Doar Dumnezeu este Cel ce poate dărui sufletului omenesc orice își dorește. Cu toate că suntem ființe plăsmuite întru mărginire, noi căutăm nemărginirea, iar această nemărginire – bucurie, viață și tot ceea ce este fără de sfârșit –, aici, pe pământ, nimeni din cei mai apropiați și cei mai jertfelnici nu ni le poate da. De ce? Pentru că toți suntem ființe hotărnicite și toți suntem în luptă – luptă cu gândurile –, căci duhurile cele viclene sunt pline de pizmă și de vrăjmășie și se luptă cu toți. Domnul caută să vadă dacă dorim din inimă ca El să ne ajute. El este gata să ne ajute de îndată, dar puține sunt pildele pe fața pământului la care să luăm aminte. Putem auzi multe cuvinte despre pilde frumoase de viață și despre cum trebuie să trăim, cum trebuie să-l îndrumăm pe aproapele să aibă pace și bucurie. Dar putea-vom noi oare să le punem în lucrare?

Vedem cum omul pașnic și liniștit, plin de dragoste, nu se mânie, iartă totul și se bucură de toate. Prin urmare, pilda sa ne rămâne pentru veșnicie, căci și noi dorim să dobândim o astfel de pace.

DUMNEZEU ESTE PACEA, MÂNGÂIEREA ȘI BUCURIA TUTUROR

Viața, pe pământ, se manifestă prin gânduri. Așa cum ne sunt gândurile cu care ne îndeletnicim, așa ne este și viața. Dacă avem gânduri pașnice și liniștite, atunci avem și pace. Dacă ne muncesc gândurile rele, atunci suntem tulburați. Fiindcă noi suntem mici, trebuie să căutăm neîncetat ajutor la Părintele nostru să ne ajute, să ne dea putere și să ne dăruiască Harul său – Harul lui Dumnezeu. Puterea lui Dumnezeu lucrează pretutindenea, mai cu seamă în acele suflete care s-au hotărât cu toată ființa lor să-I slujească Domnului și în lumea asta, și în vecii vecilor. Căci Dumnezeu este Pacea, Mângâierea și Bucuria tuturor. Pentru aceasta vă și doresc pace și bucurie de la Domnul!

În aceste vremuri schizofrenice pe care le trăim, de nimic nu avem trebuință mai mult, decât de pace în inimile și în mințile noastre – pace de la Domnul. Iar această pace dă smerenie tuturor stareților noștri înțelepți, cărunți și sfinți, care nu îngăduie oamenilor să li se adreseze ca unor dumnezei și ca unor idoli. Aceasta este marea deosebire dintre duhovnicii drepți de odinioară și nou-formații «văzători» de astăzi!"

PUTEREA PĂRINȚILOR

Părinții au mare putere asupra copiilor lor. Dacă sunt buni sau răi, este problema lor, căci ei vor da răspuns înaintea lui Dumnezeu pentru aceasta. Multă suferință este în lume din pricina necinstirii Tatălui Ceresc și a părinților pământești. În anii mei de tinerețe nici eu n-am înțeles asta. Eu sunt peste măsură de simțitor, iar noi, băieții, semănăm cu mamele. Tatăl meu a fost un om foarte bun. Îl osândeam pe tatăl meu, socotind că-și petrece prea puțină vreme cu copiii lui. N-ar fi trebuit să am astfel de gânduri față de tatăl meu. Așa de mult mi-au prăpădit viața, că nu mi-a folosit că eram un copil isteț și descurcăreț în viață.

Trebuie să ne rugăm Maicii Domnului să ne dea puterea de a-i iubi pe părinți, și toate necazurile din viață vor pieri. Domnul le va deschide copiilor calea, va dărui ce-i mai bun pentru ei. Domnul este mare și bun și ne va ierta totul. Oricum ar fi părinții noștri, noi trebuie să-i iubim, căci dacă gândurile noastre sunt bune, ele vor avea înrâurire asupra părinților noștri. Trebuie să avem gânduri bune pentru întreaga lume. Dacă ne certăm cu profesorii și cu părinții, vom avea un iad în suflet, însă dacă îl iubești pe profesor îți va da o întrebare ușoară. O să vezi! Multora li s-a întâmplat asta! A păcătui împotriva părinților este un lucru foarte rău, și vei îndura consecințe pe măsură. Ei au putere duhovnicească asupra vieții noastre.

MAI BINE SĂ RABZI OCARA, DECÂT SĂ O PRICINUIEȘTI

Sfinții Părinții spun că este cu neputință să dobândim pacea dacă suntem plini de pizmă și de răutate. Acestea sunt însușiri diavolești. Dacă ne slobozim de ele, este cu putință viața fericită. Să ne rugăm Domnului, căci El este Singurul Care poate schimba starea sufletului. Mai bine să înduri ocara, decât să o pricinuiești. Căci dacă răbdăm ocara, păstrăm pacea, dar dacă o pricinuim, odată și odată conștiința tot nu ne va da pace.

CUM SĂ NE PREGĂTIM PENTRU SFÂNTA ÎMPĂRTĂȘANIE

Biserica a rânduit cum se cuvine să ne pregătim pentru Sfânta Împărtășanie. Cel mai însemnat lucru este a ne pregăti inima să se unească cu Domnul. Postul este de trebuință pentru smerirea trupului, căci atunci când se smerește trupul, se smerește și sufletul. Biserica a rânduit cum trebuie să postim. Și fiecare preot trebuie să se împace cu aproapele. Cum să primim Sfânta Împărtășanie dacă nu putem răbda pe cineva, căci noi toți suntem fiii lui Dumnezeu?! Vom primi Sfânta Împărtășanie, dar nu spre mântuire, căci am păstrat în noi o însușire diavolească, care este rea.

Postul este pregătire pentru o inimă smerită. Sfinții Părinți spun: „Cel ce nu face ascultare, zadarnic postește și se roagă lui Dumnezeu. Ascultarea este mai mare decât postul și rugăciunea." Când eram tânăr, nu pricepeam această povață a Sfinților Părinți, dar mai apoi am văzut că este întocmai cum zic ei. Cine nu-și smerește inima și nu și-o curăță de gânduri viclene, în zadar postește. Poate să nu mănânce nimic, dar ce folos dacă are în el răutate? Trebuie să se curățească de ea, ca să-L primească pe Domnul în inimă. Iar Domnul este întru totul Dragoste, întru totul Pace și întru totul Bucurie. De aceea trebuie să ne pregătim inima. Dacă o pregătim să fie blândă, smerită și plină de dragoste, vom câștiga sănătate și sufletului, și trupului. Altminteri, vom lua Sfânta Împărtășanie spre osândă, și nu spre mântuire. Pentru aceasta ne și rugăm: „Să nu ne fie nouă Împărtășirea aceasta spre osândă, ci spre mântuire."

DESPRE CERCETAREA MĂNĂSTIRILOR

Cel care merge pe la mănăstiri să vadă monumente, arhitectură, se va întoarce acasă cu sufletul pustiu. Însă dacă este un suflet evlavios, dacă va merge în pelerinaj pentru sufletul său, să vadă fresce vechi ca să dobândească pace și smerenie, se va întoarce cu sufletul plin de bucurie. Dar și acel suflet care se duce să vadă o biserică pentru că e de secol XI sau XII, dar este evlavios, se va întoarce plin de bucurie și mângâiere. Iar cel care se duce doar să viziteze, se va întoarce acasă cu sufletul gol.

DESPRE LUCRAREA VRĂJILOR

Vrăjile lucrează acolo unde nu este rugăciune, nici nădejde tare în Dumnezeu. Însă celor care sunt rugători și care au nădejde tare întru Domnul, vrăjile nu le pot face nimic. Odată a venit la mine o tânără. Absolvise Științele Politice, dar era foarte credincioasă. Era măritată cu un doctor care mai fusese căsătorit – prima soție l-a părăsit după numai o lună de la nuntă. Soțul ei avea un frate mai mare, care era și el doctor. Acesta se căsătorise de trei ori, și toate trei soțiile îl părăsiseră. Mama lor era și ea doctor și profesor la Facultatea de Medicină. Locuia împreună cu sora ei și se ocupa cu magia neagră. Rar își vizita fiii. Dar a venit într-o zi mânioasă și i-a spus nurorii: „Pe femeiușca aceea am alungat-o de la fiul meu, dar ție nu-ți pot face nimic!" Prin farmece, a trimis duhurile cele necurate să-i facă rău nurorii, ca aceasta să-și părăsească soțul. Dar femeia aceasta era evlavioasă, era plină de râvnă pentru Domnul. De aceea, duhurile cele viclene nu i-au putut face nimic, s-au întors la bătrână, iar bătrâna li s-a supus orbește. Apoi, atunci când copilul a izbucnit în plâns, bătrâna a venit din nou și a întrebat-o pe noră: „Prostul ăla își iubește copilul?" „Bineînțeles că îl iubește!" „Deci îl iubește încă!?" Intră fiul și, plângând, îi spune soției: „Știi, nu mă simt în stare să intru acum în apartament. Știu că toate astea sunt făcute de mama mea, dar nu pot face nimic." Mama sa nu-l învățase să se roage lui Dumnezeu și vrăjile s-au prins de el, însă de soția sa deloc. Vedeți ce înseamnă rugăciunea?! Pot face orice vrăji, dar când este credință tare în Domnul, nu se prind. Duhurile viclene se întorc la cel ce le-a trimis și se răzbună pe el.

DESPRE ARDEREA MORȚILOR

Arderea morților nu este o faptă creștinească. Aceasta este lucrarea lumii din zilele noastre. Dacă omul a trăit întru credință, trupul său este sfințit de Harul Sfântului Duh și nu trebuie să fie ars. Domnul nu a făcut acest trup al nostru ca să fie ars, ci încă de la Strămoșul nostru Adam până în ziua de astăzi a binevoit ca, de îndată ce sufletul părăsește trupul, țărâna să se întoarcă în țărână, trupul să fie așezat în pământ, și nu ars, căci arderea nu este lucru creștinesc. Incinerarea este ceva modern, ca cimitirul să ocupe cât mai puțin loc. Astfel, omul preface în cenușă trupul tatălui și al mamei sale și o poartă după el, socotind că acolo sunt cu adevărat părinții lui. Aceasta este o atitudine foarte greșită.

DESPRE AVORT

Acele mame care ucid rodul lor în pântece, mare păcat săvârșesc. Ele nimicesc viața, căci Dumnezeu este Dătătorul de viață și El este Cel care plăsmuiește rodul în pântece. El dă viață copilului, iar mama îl ucide. Este nevoie de o mare pocăință din adâncul sufletului, ca ea să se schimbe și să nu mai repete acest păcat. O astfel de femeie este osândită ca ucigașă. Vedeți că niciun animal de pe fața pământului nu-și ucide odrasla – numai ființa cea cugetătoare își ucide copilul. Acesta este un mare păcat, și dacă femeia rămâne în stare de nepocăință, va fi osândită ca ucigașă. Întrebarea care se pune este dacă va trece prin vămi. Nu sunt păcate care să nu poată fi iertate, afară de păcatul nepocăinței. Însă este nevoie de o pocăință sinceră pentru a nu mai face acest lucru.

Mare este acest păcat al poporului nostru – sate întregi au pierit... Când eram tânăr, în Vitovnița erau 110 case, iar acum nici măcar jumătate nu mai sunt. Este trist că noi, sârbii, vom ajunge o minoritate în propria noastră țară, căci vor veni din alte părți și se vor așeza aici. Este o mare greșeală a legilor civile ca pământul să fie împărțit între copii. În Apus, în Germania, nu este așa – pământul rămâne unuia, iar ceilalți trebuie să se angajeze. Însă aici, la noi, parcele mici se împart în altele și mai mici. Ce vom face atunci când nu va mai fi nimic de împărțit? Țiganii noștri nu au nici casă, nici masă, și cortul le este plin de copii! Pe când ceea ce facem noi este trist. Haideți să ne îndreptăm, dacă putem!

DESPRE SUFLETELE CELOR ADORMIȚI

Nu trebuie să ne întristăm pentru cei adormiți. Ei au plecat la Domnul și întristarea noastră nu le ajută cu nimic.

O mamă avea o fiică, care era singura ei nădejde. Dar fiica s-a îmbolnăvit și a murit, și pentru că fusese evlavioasă, Domnul a dus-o în Rai. Mama ei voia să o vadă în vis, dar fiica nu avea trebuință să se arate maicii sale, căci se afla în Lăcașurile Cerești ale Raiului. De aceea, mama a mers la vrăjitori și ghicitori. O vrăjitoare i-a spus să meargă la mormântul fetei, înainte de răsăritul soarelui, să ia o sticluță și să facă ceva, și apoi să aștepte să i se arate fiica. Mama a făcut întocmai, iar fiica i s-a arătat și i-a zis: „Mamă, ce mi-ai făcut? Pentru ce m-ai căutat? Mă aflam în Sălașurile Raiului, iar acum nu mă mai pot întoarce. De ce nu te-ai rugat lui Dumnezeu? Atât de mult m-a apăsat mâhnirea ta, încât nu mă mai pot întoarce la Domnul. Nu mă mai pot întoarce acolo unde am fost rânduită."

Nu trebuie să ne întristăm pentru cei răposați, ci trebuie să ne rugăm lui Dumnezeu, ca El să le dăruiască Sălaș îngeresc. Asta trebuie făcut!.. Iar cu tristețea nu ajungem nicăieri. Nouă ne stricăm sănătatea, iar celor răposați li se zădărnicește pacea pe care au dobândit-o de la Domnul. De aceea trebuie să ne rugăm, căci a ne întrista după rudele noastre răposate nu este lucru creștinesc – este lucru păgânesc. Noi, aici, ne pregătim pentru viața cea veșnică. Trebuie să fim recunoscători lui Dumnezeu pentru cei pe care Domnul îi ia la Dânsul. Dacă ei nu s-au pocăit la timp, noi trebuie să ne rugăm Domnului din inimă ca să le ierte păcatele, căci nu este păcat care să nu fie iertat, afară de păcatul nepocăinței. Pentru cei apropiați care nu s-au pocăit trebuie să facem fapte bune spre pomenirea lor, căci acestea sunt primite de Dumnezeu. Numai Domnul poate slobozi sufletul din legăturile iadului, întru care s-a prins încă din această viață. Numai Dumnezeu poate slobozi un astfel de suflet; de aceea, dragii mei, trebuie să vă rugați pentru cei de aproape ai voștri. Tot ceea ce putem face pentru cei dragi ai noștri care au trecut la Domnul este să ne rugăm lui Dumnezeu pentru odihna sufletelor lor, iar acolo unde se săvârșește Sfânta Liturghie zi de zi, să dăm pomelnice pentru cei răposați.

Pe când trăia Vlădica Nicolae Velimirovici, l-au întrebat dacă este mântuire pentru cineva care nu s-a pocăit în timpul vieții. El le-a spus că poate fi, dacă pentru acel suflet se săvârșesc patruzeci de Liturghii, iar dacă este cu putință, și mai mult, căci Liturghia este Jertfa de pe Golgota. Așadar, la Liturghie, Domnul Însuși Se jertfește. Când preotul scoate părticele pentru cei trecuți la cele veșnice și când se împărtășește, el ridică toate părticelele și zice: „Doamne, curățește păcatele celor ce se pomenesc aici, cu Preacinstit Sângele Tău."[25] Aceasta este Jertfa cea mai mare, rugăciunea cea mai mare, pe care noi, creștinii, o putem aduce pentru cei care s-au dus la Domnul.

PRIN DRAGOSTE VOM BIRUI RĂUL

Când eram tânăr monah, mă chinuia întrebarea: „De ce acela care Îl caută sincer pe Domnul suferă atât de mult? De ce se chinuie atât de mult? Nu mai pot, Doamne!"

M-am culcat. În vis, m-am văzut pe mine în înălțime. Văd cum vine o Oaste dinspre Răsărit înspre apus. Nu este oștire pământească, ci Oaste Cerească. Toți sunt asemenea. Numai unul merge cu un pas înaintea tuturor. Toți cântă:

Pentru Împăratul Slavei,
Pentru al Cerurilor Împărat,
La luptă pornim,
Răul să-l biruim.

Cânt și eu dimpreună cu ei:

Pentru Împăratul Slavei,
Pentru al Cerurilor Împărat,

25 Atunci când preotul (sau diaconul) potrivește Sfintele Taine și trage ușor, cu buretele, în Sfântul Potir miridele (părticelele) ce s-au scos pentru pomenirea celor vii și adormiți, rostește: *„Spală, Doamne, păcatele celor ce s-au pomenit aici, cu cinstit Sângele Tău, pentru rugăciunile Sfinților Tăi."*

La luptă pornim,
Răul să-l biruim.

Cum vom birui răul? Prin dragoste!

Pentru Împăratul Slavei,
Pentru al Cerurilor Împărat,
La luptă pornim,
Răul să-l biruim.

OMUL – CUNUNA ZIDIRII

Părintele Tadei/ Oamenii socotesc că sunt ceva de seamă, pe când, de fapt, omul este un nimic. Vlădica Nicolae Velimirovici spune: „Ce este omul? Un sac de carne stricată, nimic mai mult." Nimic! Cap încins. Nu pricepe că este un „palavragiu", că este o unealtă în mâinile duhurilor celor căzute.

Domnul face cu noi ceea ce voiește, dar ne-a lăsat loc de mișcare, ca să putem cugeta și hotărî dacă dorim ori nu binele. Duhurile au căzut mai înainte ca omul să fie zidit, cu multe veacuri înainte. Nu toate duhurile și-au păstrat locul. Omul este cununa Zidirii. A fost plăsmuit cel din urmă dintre toate cele plăsmuite. A fost plăsmuit spre a fi stăpânul lumii materiale, ca toate să i se supună... Lumea materială, cosmosul, nu a fost în starea aceasta. Abia după cădere a devenit grosolană și stricăcioasă. Dar chiar și grosolană, și stricăcioasă, are totuși frumusețea ei...

Strămoșii noștri erau nemuritori. Ei nu erau mărginiți de timp și spațiu, precum suntem noi astăzi. Vedeți..., se mișcau iute ca gândul. După cădere, totul s-a stricat. Dumnezeu – întru totul Dragoste – a știut că întreaga făptură zidită cugetătoare nu-și va putea păzi starea și a lăsat vreme, de la Facerea lumii până la Înfricoșata Judecată – vreme ca făptura cugetătoare să-și vină în fire, să se întoarcă în sânul Părintelui său, să fie cuprinsă în Binele cel Desăvârșit, în Dragostea cea Desăvârșită. Dar, iată, oamenii prețuiesc mai mult răul decât binele, firea cea căzută!... Cugetă mai lesne răul, decât binele. Dar când omul cugetă răul, nu are pace, nici liniște din pricina acestor gânduri. Cât de mare este căderea noastră! O nenorocire! Înfricoșător! Nu ne putem veni în fire, nici nu putem săvârși ceva de la noi înșine. Noi, îndeobște, nu înțelegem cum ne chinuie duhurile cele căzute.

Credem că sunt gândurile noastre. Ne chinuie pizma, ura, răutatea. Este tiranie peste tiranii! Sufletul nu vrea, dar nu se poate izbăvi. De mic se deprinde cu asta, și aceasta prinde rădăcină puternică și adâncă. Acum trebuie să o smulgem din noi!

Trebuie să te preschimbi în dragoste. Să fii cu desăvârșire liniștit și împăcat. Nu este ușor! Vedeți cât de înspăimântătoare este căderea omului?

***

NIMIC FĂRĂ AJUTORUL LUI DUMNEZEU

Părintele Tadei/ Omul nu poate nimic singur, fără ajutorul lui Dumnezeu. Crede că știe ceva. Cap încins! Totul i se descoperă din veșnicie. Pretutindenea sunt taine ale lui Dumnezeu. Suntem înconjurați de taine. Suntem o taină uriașă și pentru noi înșine. Nu știm ce suntem: De unde am venit? Încotro ne îndreptăm? Ce este această ființă care cugetă, se mișcă și spune unele lucruri pe care le știe? Face ceva – nici el nu știe cum! Ce este taina aceasta din lăuntrul lui? Cum lucrează în el organele interne fără voia lui – și asta în chip desăvârșit?! Iar el tulbură toate cu gândurile sale.

BOLILE VIN DIN PRICINA PĂCATULUI?

Părintele Tadei/ Din pricina căderii cu gândul – din gânduri. Toți gândim, de obicei, și bine, și rău. Așa cum sunt gândurile cu care ne îndeletnicim, așa ne este și viața. Duhul se hrănește cu gânduri, trupul cu hrană materială.

EXISTĂ GÂNDURI ALE NOASTRE ȘI GÂNDURI CARE NE VIN DIN AFARĂ?

Părintele Tadei/ Se strecoară din toate părțile. Razele de acțiune ale gândurilor vin din toate părțile. Dacă ni s-ar descoperi acestea, am vedea că este o mreajă înfricoșătoare! Iar fiecare are o stație radio în el. Omul este un aparat mult mai precis decât o stație radio, decât un televizor, numai că funcțiile minții i s-au stricat. Ce ființă precisă este omul! Cât de înaltă! Dar noi nu știm să prețuim aceasta. Nu știm să ne conectăm la Izvorul vieții, să simțim bucuria vieții. Însă vrăjmașii ne întind întotdeauna cursele gândurilor...

Domnul i-a descoperit Cuviosului Antonie cel Mare raza de acțiune a gândurilor care ne înconjoară. Și când a văzut Cuviosul, a suspinat: „Doamne, cine poate să treacă de acestea?" Și a auzit un glas: „Numai cei smeriți și blânzi."[26] De ei nici nu se vor atinge acestea. Sunt alipiți numai de pace, de liniște, de razele lucrării Dumnezeiești – semn al puterii desăvârșite a lui Dumnezeu. Nu se alipesc de cele rele.

CUM NE INFLUENȚEAZĂ MEDIUL DE VIAȚĂ POLUAT ÎN CARE TRĂIM?

Părintele Tadei/ Iată, zic acum oamenii că Serbia noastră e ca vai de ea. Se spune că este cea mai poluată cu materiale radioactive. Acum, cea mai înaltă radioactivitate este în Serbia. Nu suntem bolnavi, dar nu avem vlagă. Nu ne merge. Oamenii sunt sănătoși, dar nu știu ce le lipsește. Iau medicamente, dar le este tot mai rău! Iar cât mai avem încă puțin aer curat, trebuie să ne folosim de el, dar și acesta este poluat – totul. Se simte mai cu seamă atunci când desfășurăm o muncă intelectuală – trebuie să respirăm adânc, des, căci

26 „Zis-a Avva Antonie: Am văzut toate cursele vrăjmașului întinse pe pământ; și, suspinând, am zis: Oare cine poate să le treacă pe acestea? Și am auzit glas zicându-mi: Smerenia." (*Patericul egiptean*, Editura Sophia, 2011, p. 13)

creierul și inima cheltuiesc o cantitate mare de oxigen. Dacă nu avem îndeajuns oxigen în creier, nu putem să gândim. Ceva nu merge, și ne mirăm ce. Nu avem suficient combustibil, nu avem oxigen.

CU CE SĂ NE HRĂNIM

Iată, vezi, acum mâncăm hrană otrăvită. Am otrăvit totul. De la piață nu mai ai ce să cumperi. Toate sunt frumoase, dar nu îndrăznești să le cumperi. La sfârșitul veacului trecut, un stareț spunea: „Va veni vremea când oamenii vor produce multe roade ale pământului, dar nu vor îndrăzni să le mănânce." Iată, a venit vremea! Vă întrebați cum? Hrana ne este otrăvită – și cea trupească, și cea sufletească. Sunt otrăviți și copiii, și bătrânii. Oamenii cred că vor trăi veșnic aici. Dar viața este scurtă.

Ce este viața, omule? Nimic.

Este atât de scurtă, că nici nu ne putem închipui. În anii tinereții, omul nu observă asta. Eu mă gândesc de multe ori: suntem chiar nenorociți aici, pe pământ, căci nu putem trăi nici măcar patru miliarde de secunde, adică 120 de ani. O sută de ani sunt trei miliarde de secunde. Ce înseamnă 100 de ani?... Nimic... O clipă... scurtă... Trăim în veșnicie.

Altminteri, timpul acesta îl măsurăm datorită faptului că pământul se rotește în jurul axei sale și în jurul Soarelui. Dacă Soarele s-ar opri la zenit, n-am mai putea măsura timpul. Am trăi în veșnicie. O zi neîntreruptă. Nu am avea de unde să pornim. Dacă nu am măsura timpul, am observa că timpul, de fapt, nu există! Există doar la noi, care suntem mărginiți.

IUȚEALA DUHULUI ȘI A GÂNDURILOR

Părintele Tadei/ Cu privire la aceasta, Sfântul Ioan Teologul spune în *Apocalipsă* că Îngerul cel ce a stat cu un picior pe pământ și cu altul în mare și s-a jurat pe Cel Înalt, a zis că timpul nu va mai fi!... /cf. Apoc. 10, 6/. Va fi veșnicie... Așadar, Domnul va grăbi timpul, și lumea materială va pieri. Știm că materia, când atinge viteza luminii, încetează să mai existe. Se preface în energie nevăzută când atinge viteza luminii – trei sute de mii de kilometri pe oră.

Cât suntem de nevolnici! Până de curând am știut doar despre această viteză, dar n-am știut că există o viteză și mai mare. Însă acum, pentru că avem aparate precise care măsoară mișcarea, Domnul ne descoperă existența unei viteze mult mai mari. O particulă de energie, oricum s-ar numi... Aceasta acum apare pe ecran, acum dispare – cât s-a ivit numai pe ecran, și deja a traversat galaxia. Iar diametrul galaxiei noastre este de 50 de milioane de ani lumină. Cât de mare este diferența de viteze! Viteza luminii nu se poate asemăna cu viteza aceasta, așa cum nu se poate asemăna un melc cu un tren expres. Trei sute de mii împărțite la 50 de milioane de ani lumină! Așadar, o viteză uriașă... Da... Iar duhul este mai iute decât gândul. Gândul este încet. Viteza medie a duhului (este viteza gândului), dar duhul este neînchipuit de iute... Trecem în veșnicie... Da. Slavă Domnului pentru toate!

AM OTRĂVIT PĂMÂNTUL...

Părintele Tadei/ Nouă ne sunt descoperite multe, dar le întrebuințăm rău. Vedem cum ne-am făurit nouă înșine condițiile în care nu mai este cu putință continuarea vieții pe pământ – din pricina otrăvii. Ne-am otrăvit... Un expert de-al nostru, care a scris cartea *Planeta și civilizația în pericol*, Branko Kitanovici, spune: „În anul 2000 nu vom mai avea pe pământ apă de băut." Apa potabilă reprezintă doar 2% din volumul total al apei. 98% nu se bea. El spune că nu va fi cu putință ca apa să fie purificată, că toată va fi otrăvită. În ce ritm se răspândește otrava pe globul pământesc! Vrăjmașul numărul unu al omului este gazul de eșapament degajat de mașini. Apoi, toate celelalte. Fiecare fabrică degajă cantități uriașe de otravă. Astfel se întâmplă și cu agricultura. Belgradul bea apă otrăvită. Un inginer care lucrează acolo, la Makiș, spune: „Noi tratăm apa cu clor, dar o otrăvim și mai mult. Nu-i de niciun folos. Bacteriile și bacilii îi îndepărtăm ușor, dar nu și toxinele." O filtrezi cât vrei, o purifici, o fierbi – fă-i ce vrei, otrava este pretutindeni în jurul nostru. Și când nu va mai fi apă de băut, se va stinge și viața. Organismul conține 70% apă. Agricultura a avansat mult, dar multe specii de copaci au dispărut. Ulmul a dispărut de mult. Se spune că în T. pădurea de conifere se usucă, vârfurile copacilor au început să se usuce. Nivelul radiației este ridicat, iar izvoarele din munte otrăvite. Otrăvite sunt și ploile, care pârjolesc pământul. Pământul este otrăvit, noi înșine ne-am otrăvit...

Nimic nu le mai ajunge oamenilor. Totul a început îndată după căderea strămoșilor noștri, de îndată ce s-a făcut vărsare de sânge. Cain l-a ucis pe fratele lui mai mic, Avel, doar din zavistie: de ce jertfa lui Avel să fie primită, iar a lui nu? De aici a început totul. Și până în ziua de astăzi nu mai e pace. Toți caută ceva, de parcă vor trăi o veșnicie, dar nu este așa. Nu e... nu e... Se pare că a venit sfârșitul. Fabricile poluează mediul într-un ritm atât de rapid, încât nu vom mai putea trăi mult.

TREBUIE SĂ LUĂM PILDĂ DE LA PĂSĂRI

Părintele Tadei/ Slavă Domnului, încă mai există păsări... Dar foarte multe specii au dispărut... Totul doar se zădărnicește, și viața se nimicește... Iar aceasta nu este ceva tăinuit. În urmă cu vreo zece ani, când ningea, așa mare zăpadă era – când era clar de lună se adunau mulți iepuri, cete întregi. Zăpada era mare, ei o călcau în picioare, alergau în cerc; aici, unde este poiana, unde nu sunt copaci, se alergau, se urmăreau unul pe altul, când aici, când acolo, se dădeau de-a rostogolul prin zăpadă, se jucau. Se bucurau – bucuria vieții. Animalele au bucuria vieții. Noi le-am stricat și le-am tulburat această bucurie. Ele au bucuria vieții, noi însă avem tot ce vrei și ce nu vrei, și niciodată nu suntem mulțumiți. Ele nu-și fac griji, nu-și umplu hambarele cu grâu, nu fac nimic, și totuși Dumnezeu le hrănește. Ronțăie acolo o crenguță, găsesc pe undeva adăpost, dorm. Și mulțumesc lui Dumnezeu. Noi însă nu! Păsările Îl slavoslovesc neîncetat pe Dumnezeu. Încep dis-de-dimineață, la ora trei, și până la ora nouă nu mai contenesc. La ora nouă se odihnesc puțin, și abia apoi pleacă să caute mâncare, căci trebuie să-i hrănească pe cei mici... După care iarăși cântă. Pe ele nimeni nu le silește să cânte. Ele doar cântă. De le ascultă cineva ori nu, ele tot cântă... Iar noi – încruntați, cu nasul pe sus. Nu avem chef de cântat, nu avem chef de nimic. Trebuie să luăm pildă de la păsări: întotdeauna sunt vesele. Pe când noi? Nouă mereu nu ne convine câte ceva. Și ce ne deranjează, de fapt? La drept vorbind, nimic. Nu-i așa?

Părinte, am vrea să știm cum putem afla voia lui Dumnezeu în viață? Cum să ne hotărâm dacă să ne angajăm într-o parte sau alta, dacă să ne căsătorim sau nu?

Părintele Tadei/ Domnul Însuși ne deschide calea. El ne descoperă sfânta Sa voie. Sfânta Lui voie se face cunoscută prin părinți. Dacă vom asculta de părinți, totul va merge bine și va fi binecuvântat. Dacă le stăm împotrivă, nimic nu merge. Merge, merge, dar mai mult merge de-a-ndăratelea, decât înainte. De pildă, ai îndrăgit o fată și vrei să te căsătorești cu ea cu orice preț, dar tatăl și mama ta îți zic: „Dar, fiule, ea nu este potrivită pentru tine!" Dar în zadar. Ți-a legat vrăjmașul mintea, te-a înrobit – și vrei, și vrei... „Dar, fiule, ea nu este pentru tine!", spun părinții. „Îți vom găsi alta." Dar fiul nu vrea să asculte – o vrea cu orice preț pe aceea. Se căsătoresc. Gândesc: „E ideal." Se iubesc, dar după un timp se satură unul de altul, totul trece și nu mai rămâne nimic.

Cel mai bine este atunci când părinții se înțeleg din vreme, când diferența de ani nu este mare... Cel mai bine este atunci când dragostea sporește în cadrul căsniciei. Atunci nu se intră în căsnicie cu plănuire. Când tinerii căsătoriți au binecuvântarea părinților, totul merge cum e mai bine... Căsnicia nu este o viață frumoasă, dulce... Ba este cât se poate de amară! Abia după aceea vezi că nu ești liber, ci ești legat – și încă cât de legat! Ești înhămat la căruță și trebuie să tragi, căci te bat. Copiii cer. Trebuie să tragi – vrei, nu vrei. Iar când erai liber, gândeai altfel... Dar acum trebuie să te îngrijești nu numai de tine, ci de mai mulți.

În viață sunt doar două căi – călugăria și căsătoria –, sau există și o altă cale? Cum să știu care este calea cea bună pentru mine?

Părintele Tadei/ Călugăria nu este pentru oricine. Da! Viața călugărească nu este ușoară. Viața pe pământ, îndeobște, nu este ușoară, oricât de prielnice ar fi împrejurările. Cel care a trăit după cum a voit și după cum i-a poftit inima este Solomon – Împăratul Solomon, fiul Împăratului David. A domnit patruzeci de ani și nu a purtat război cu nimeni. Domnul l-a răsplătit cu înțelepciune. Tot el a înălțat templul din Ierusalim. Veneau la el din toate colțurile lumii să-l asculte... Și chiar el spune: „Orice a cerut inima mea, toate pe voie mi-au fost. Am poftit vii frumoase a avea, și le-am sădit. Palate, și am avut. Avut-am în Ierusalim gătită cea mai bună oaste." Dar cu nimenea nu s-a războit. Și zice mai departe: „Am poftit aurul și argintul din belșug, și Domnul mi-a dat. Am cercat multe feluri de viață, să văd de este vreo mângâiere trainică aici, pe pământ, ca s-o urmez... Și aici, pe pământ, am cunoscut că toate sunt în deșert și deșarte, și chin al sufletului. Nu este trainică mângâiere..." /cf. Înțelep./

Vezi, asta spune Solomon – un om înțelept. Așadar, să ai ce-ți dorești, să fii ce-ți dorești – cu nimic nu-ți este de folos. Pe scurt, așa cum n-ai fi trăit defel, ca și cum n-ai fi existat. Ai crezut că ai sorbit toată înțelepciunea lumii acesteia. Cap încins! Și dacă ți-ai putea privi viața din afară, ai vedea că te umfli în pene ca un curcan... Cap sec!

Cine de pe pământ – dintre cei care au fost sau dintre cei ce vor fi – este atoateștiutor? Nimeni! Fiecare se desăvârșește într-o direcție, făurește ceva anume – și astfel alcătuim cu toții un întreg. Oamenii îi prețuiesc pe filosofi, pe felurițiii învățători ai lumii, le citează neîncetat cuvintele. Nimeni însă nu ia aminte la faptul că Dumnezeu le-a făgăduit strămoșilor noștri că va trimite pe Mântuitorul lumii, ca să ne aducă la starea cea dintru început. Nimeni nu a știut că Acesta va fi Însuși Dumnezeu. Căci numai Cel ce ne-a zidit ne poate aduce la starea cea dintru început – cine altcineva să o facă? El însă a venit, dar nu a fost primit.

Iată, ne-am botezat în Hristos Domnul, suntem creștini – numai părelnic, nu așa cum ne vrea Domnul. Nimic bun nu este întru noi. De vreme ce cugetăm cele viclene, și ne mâniem, și îl nesocotim pe aproapele nostru – nimic bun nu este întru noi... Și citim, dar nu înțelegem.

Care dintre filosofii și dintre învățații lumii a putut spune despre sine: „Eu sunt Calea, Adevărul și Viața"? /Io. 14, 6/ Nimeni! Și să mai spună: „Eu sunt Pâinea vieții" /Io. 6, 35; 6, 48/ sau „Cela ce crede întru Mine are viață veșnică"? /Io. 6,

47/ Dar oamenii sunt mici la suflet. Puțin înțeleg, puțin pricep. Le este tot mai aproape minciuna, decât adevărul.

DESĂVÂRȘIREA VIEȚII CREȘTINEȘTI ESTE DEPLINA SMERENIE

Părintele Tadei/ Socotim că avem vreo valoare... Nu valorăm nimic! Da. Desăvârșirea vieții creștinești – o spun Sfinții Părinți – este deplina smerenie. Desăvârșita smerenie! Ei (cei smeriți) sunt răsplătiți cu Harul lui Dumnezeu. Cel smerit și blând nu se mânie. Iar dacă-l ocărăști, tu te mânii, iar lui îi pare rău pentru tine, căci singur te chinui.

Se află vreun leac pentru noi, cei căzuți și bolnavi?

Părintele Tadei/ Și încă cum! Să faceți ascultare! Să vă smeriți și să ascultați. Cel ce este smerit și blând, acela și ascultă. Cum spune poporul: „Cine ascultă de alții, degrab se folosește." Cel ce ascultă, acela este smerit. Însă de îndată ce ne vom împotrivi, vom observa cum vrăjmașul ajunge să ne conducă viața. Nu se poate și nu se poate!

Părinte, părinții mei sunt divorțați. Mama m-a adus la credință, tata este împotriva lui Dumnezeu. De cine să ascult?

Părintele Tadei/ Apoi, bine... nu este treaba ta dacă părinții trăiesc în bună înțelegere sau nu, dacă se ceartă, dacă sunt buni sau nu sunt buni – pentru tine, ei trebuie să fie ceva sfânt, ca să ai parte de binecuvântarea lui Dumnezeu, ca să-ți fie ție bine. Da! Nu trebuie să ne rănim părinții nici măcar cu gândul. Iar cum se poartă ei cu noi, este treaba lor. Sunt unii părinți care au fost atât de aspri, care și-au chinuit copiii... Doi frați au avut o mamă așa de bună: ea le-a zis să-l cinstească pe tatăl lor – cu toate că acesta nu se purta cu ei așa cum ar fi trebuit –, pentru a dobândi binecuvântarea lui Dumnezeu. Acum, cei doi nu îngăduie nimănui să spună ceva despre tatăl lor. Nimeni nu îndrăznește să-l jignească. Cei doi frați zic: „Tata este sfânt pentru noi!" Au avut o viață grea, tatăl lor nu a avut milă de ei, dar vezi cum i-a binecuvântat Dumnezeu și sunt plini de viață?! Sunt recunoscători și mulțumitori față de Dumnezeu. Căci Domnul bine a voit ca prin părinții noștri să venim în lume. Vor da socoteală înaintea lui Dumnezeu de cum sunt ei, vor răspunde și pentru noi. Nu noi vom da socoteală pentru ei. Noi vom da socoteală de cum și dacă i-am cinstit. Starea duhovnicească pe pământ este din cale-afară de rea și din pricină că copiii mici – chiar și cei de până la cinci ani – se împotrivesc părinților. De aceea lucrurile merg în felul acesta: pentru că nu-și cinstesc părinții. Pe întreaga planetă starea este aceeași...

SĂ NE RIDICĂM ÎNTOTDEAUNA

Părintele Tadei/ Noi, aici, pe pământ, parcă împlinim o epitimie[27]. Să nu vă mirați că neîncetat aveți câte un

27 Canonul, mijlocul de pocăință pe care duhovnicul îl rânduiește celui ce se spovedește, pentru ispășirea păcatelor prin rugăciuni, metanii, fapte de

necaz. Toți păcătuim necontenit – alunecăm și cădem. Cădem, de fapt, în cursele diavolului. Sfinții întăresc neîncetat un lucru: important este ca omul să se ridice mereu și să o ia de la capăt pe calea către Dumnezeu. Chiar de am cădea de o sută de ori pe zi, nu vă îngrijiți de aceasta, ci doar să vă ridicați și să mergeți mai departe, fără a privi înapoi. Ce a fost, a fost și a trecut. Voi doar să mergeți înainte și să vă rugați Domnului pentru ajutor.

SĂ-L CHEMĂM NEÎNCETAT PE DOMNUL

Nu prin faptul că ne plângem întruna de ceva Îl supărăm pe Dumnezeu. Îl supărăm atunci când păcătuim, nu atunci când ne întoarcem către Dânsul ca spre Ruda noastră cea mai de aproape. Domnului Îi este plăcut a-L chema neîncetat și a ne revărsa preaplinul inimii înaintea Sa. Rugăciunea nu este ceva care începe și se sfârșește, și gata! Să te așezi înaintea icoanei, să spui ce ai de spus, și apoi să mergi pe calea ta – aceasta nu este rugăciune!

DOMNUL TOATE LE PLINEȘTE

Să iubiți lucrurile mici și să râvniți spre cele smerite și simple. Iar când sufletul se va maturiza, Dumnezeu îi va dărui pacea lăuntrică. Domnul privește la voi și îi place că

---

milostenie, postiri, oprirea temporară de la împărtășirea cu Dumnezeieștile Taine.

năzuiți după pacea Sa. Atâta vreme cât sufletul nu este copt întru Domnul, El îi va da pentru o vreme să vadă că *pretutindenea este și toate le plinește,* că plinește lumea întreagă, făptura toată. Atunci sufletul este atât de bucuros, atunci are totul! Dar apoi, Domnul iarăși Se ascunde, ca să tânjim după El și să-L căutăm cu toată inima.

RĂZBOIUL CUGETELOR

Este greu a trăi cu aproapele dacă pornim cu el un război al cugetelor. Nu ajunge doar să ne înfrânăm de la război deschis – prin cuvinte și prin fapte. Nu intrați cu el nici măcar într-un război cu gândul. Din această pricină se pierde pacea sufletului și dragostea către aproapele. Nu trebuie nici să ne împotrivim, nici să-l convingem pe aproapele nostru. Nu folosește la nimic: puteți să stați și în cap înaintea lui, nu veți câștiga nimic! Pe aproapele trebuie doar să-l iubiți pentru Domnul. Domnul este și întru ei (în cei necredincioși), căci, de n-ar fi într-înșii, ar mai putea fi ei vii?!

CU DOMNUL ÎN INIMĂ

Nu mai dați atâta însemnătate întâmplărilor din afară. Fiți mai mult în lăuntrul vostru, în inimă, cu Domnul, iar pe celelalte lăsați-le! Trebuie doar să fiți cuviincioși, liniștiți și buni față de toți. Nu purtați grijă de nimic altceva!

CAPITOLUL VI

O SUTĂ DE CAPETE DE LA MĂNĂSTIREA VITOVNIȚA

1/ Dumnezeul nostru a venit aici, printre noi, ca să ne aducă la starea cea dintru început – așa cum ne-a și zidit. El a făcut totul ca omul să poată înțelege. Ar fi putut mântui neamul omenesc și într-alt chip, dar, când omul a căzut, întregul lui „aparat cugetător" lăuntric s-a zdruncinat și l-a făcut neputincios înspre bine. Omul a căzut sub puterea duhurilor celor viclene, s-a predat de bunăvoie puterii lor și s-a lăsat înrobit de ele.

2/ Răul nu a fost plăsmuit de Dumnezeu. Răul este de la duhurile cele înțelegătoare, gânditoare, care au căzut de la dragostea lui Dumnezeu, care s-au întors către ele însele, rămânând nesupuse, și care au început să cugete la propria înțelepciune. Dar oricât de mult s-ar trudi orice putere cugetătoare neunită cu Izvorul vieții să săvârșească și să grăiască ceva bun, tot ceea ce va face va fi înmiesmat cu duhoarea iadului, căci Singur Dumnezeu este Izvorul păcii și al bucuriei, al dragostei, al dreptății și al bunătății.

3/ Toate ființele zidite sunt mărginite, iar ceea ce este mărginit nu este desăvârșit; ci ființelor zidite le este dat să se desăvârșească.

4/ Însă ființele zidite au căzut. Mai întâi, unii Îngeri nu și-au păzit vrednicia, iar apoi, din zavistia acestor duhuri viclene, au căzut și Strămoșii noștri Adam și Eva. Astfel, s-a aninat și întru noi această însușire – pizma cea drăcească. Pizma nu se dă în lături de la nimic. Chiar și lui Dumnezeu Îi grăiește potrivnic în față, totdeauna și în tot locul.

5/ Ce face pizma? Duhul cel diavolesc, pizma, duce mereu și fără de încetare război împotriva dreptății, împotriva lui Dumnezeu. Dumnezeu este întru totul dragoste, iar pizma nu rabdă ca cineva să-i facă vreun bine aproapelui său. Iar când Domnul, Care este Dragoste desăvârșită, a tămăduit-o pe femeia cea bătrână, bolnavă, gârbovă de 18 ani, de îndată s-a ivit și cel viclean și a început războiul, căci pizma nu rabdă să vadă cum i se face bine cuiva. Pizma neîncetat zavistuiește – pe toți și în toate.

6/ Unul dintre Părinții de Dumnezeu purtători, Cuviosul Nil Izvorâtorul de Mir (cel ce s-a arătat lui Teofan Monahul, care a viețuit în veacul al XVIII-lea într-o peșteră), ne-a deslușit multe din tainele Împărăției Cerurilor. El spune că pizma este pecetea antihristului pe inima omului. Ce lucru înfricoșat! Iar noi îl pizmuim pe aproapele nostru atât de des – chiar și pe rudele noastre le pizmuim pentru ceva –, și nu purtăm grijă să ne tămăduim, să ne venim în fire.

7/ Dumnezeul nostru Iisus Hristos este Dumnezeu desăvârșit și Om desăvârșit. Ca Dumnezeu desăvârșit, pe toate le acoperă cu dragoste, cu dragostea Sa cea nesfârșită. Ca Om desăvârșit, îndrăgește fiecare suflet care se apropie de El. Cu toate acestea, această dragoste a lui Dumnezeu nouă ni se pare oarecum îndepărtată, ni se pare că Dumnezeu este foarte departe de noi. De fapt, noi ne îndepărtăm de Dumnezeu. El nu Se poate despărți de noi, căci El este Viața. El este Dragostea deplină. O, de am avea și noi aceeași dragoste față de Dânsul! Oare când ne vom apropia de Dânsul ca de un Prieten adevărat? Noi însă nu ne apropiem de El astfel, ci stingheriți, parcă cu răceală; și când ne rugăm, și când facem un bine, suntem parcă peste măsură de formali. El însă vrea să fim firești. Ne-a arătat aceasta prin felul în care a trăit printre noi: simplu, smerit și blând. Cum ne-a zidit Domnul, așa și trebuie să ne apropiem de El: simpli, ca niște copii nevinovați trebuie să ne apropiem de Dânsul.

8/ Domnului Îi sunt dragi lucrurile bune pe care le săvârșim. Milostenia și tot ceea ce facem pentru mântuirea noastră, spre folosul semenilor noștri și al Bisericii, toate sunt plăcute Domnului. Dar cea mai dragă și mai plăcută Domnului este dragostea curată, simplă și copilărească, care se lipește de inima Sa. Iată ce-I este cel mai drag și ce vrea El de la noi! Și fiecărui suflet îi stă în putință a o lucra – și celui bogat, și celui sărac, și celui bătrân, și celui tânăr...

9/ Parcă mă întorc mereu la această temă, o repet neîncetat: să învățăm cum să ne apropiem de Părintele nostru Ceresc, cum să ne apropiem de El cu inima și cu întreaga noastră ființă, cum să Îi fim dragi precum Îngerii și Sfinții. Căci suntem foarte întinați și necurați. Atunci când ne apropiem din inimă către Dânsul, Dumnezeu nu caută la întinăciunea și la necurăția noastră, ci ne primește de îndată. Când greșim cu ceva față de Părintele nostru și ne apropiem de Dânsul din inimă, El ne iartă toate, ca și cum nici n-ar fi fost.

10/ Domnul nostru este nemărginit în dragostea Sa cea negrăită. Ar trebui să ne apropiem de Dânsul sincer și neîncetat să fim cu Dânsul, căci El totdeauna este cu noi. El ne însuflețește viața, și vrea să-L înțelegem și să-L pricepem. Întreaga Sa viață pământească a fost firească, pentru ca omul să-L poată înțelege. El a spus despre Sine că este Dragoste, ne-a lămurit că atât de mult a iubit Dumnezeu lumea, încât pe Fiul Său cel Unul-Născut L-a dat pentru mântuirea omului. Ne-a descoperit taine. Ne-a descoperit multe. Ne-a ridicat mai presus de toată zidirea. Firea omenească, ridicată mai presus de toate făpturile, intră în taina Sfintei și de viață dătătoarei Treimi.

11/ Dar ce-am putea noi, ca oameni, să ne dorim mai mult, decât să fim una cu Dumnezeul nostru, cu Părintele nostru?! Pentru aceasta, ar trebui, în scurta noastră viață de aici, să învățăm cum să ne apropiem de El. Întrucât nu avem putere de la noi înșine, trebuie să ne apropiem de El precum copiii cei simpli și nevinovați, din inimă, să-L rugăm să ne învețe cum să fim buni, cum să-L iubim cu tărie, așa cum Îl iubesc Preasfânta Maică, Îngerii și Sfinții.

12/ Domnul nu ne va lăsa orfani, dacă ne vom îndrepta mereu către El din adâncul inimii. El așteaptă ca inima noastră, sufletul nostru, să se aprindă și mai puternic în tânjirea și dorirea după Dânsul. Să nu cădem niciodată de la El și din dragostea Sa!

13/ Adesea, aici, pe fața pământului, se abat asupră-ne multe necazuri și greutăți. Toate acestea se întâmplă pentru că nu ne-am smerit încă. Când sufletul se smerește și se supune voii lui Dumnezeu, atunci încetează și suferințele, și necazurile. Căci atunci și suferințele, și pătimirile se fac cumva dragi inimii și sufletului. Căpătăm atunci o cu totul altă înțelegere a vieții. Nu mai cugetăm după înțelepciunea veacului acestuia, așa cum face lumea. Pe toate le pricepem altfel. Parcă tot ceea ce privim este strălucitor, totul parcă este mângâietor. Toate ne sunt bune, pentru că toate Îi sunt dragi lui Dumnezeu. Suntem zidirea Sa, și tot ceea ce a fost zidit este al Său. Și El a zidit acestea pentru Sine ca să fim părtași la dragostea Sa cea Dumnezeiască, la pacea și bucuria cea Dumnezeiască.

14/ Iată, dragii mei, după cum vedeți, trebuie să ne tămăduim. Să nu primim pizma în inimă, căci ea năruie pacea lăuntrică și liniștea sufletului. Suntem, de pildă, liniștiți și plini de pace, și vine la noi un prieten și ne povestește despre cineva – care ne-a făcut odată mult rău – că acum a ajuns bine și, de vreme ce nu l-am iertat, de îndată se ivește în noi duhul pizmei. Iată cum nu purtăm de grijă! Se cuvine să fim neîncetat în rugăciune și să nu primim îmboldirea duhului pizmei.

15/ Sfinții Părinți spun: „Dacă îndepărtăm de la noi îndemnul duhului vicleniei, dobândim biruința fără luptă." Ei au vorbit așa din cercare. Dacă îndepărtăm de la noi îndemnul, biruința este dobândită fără luptă!

16/ Duhurile din văzduhuri ne ademenesc neîncetat în cursa gândurilor. Când Sfântul Antonie cel Mare a văzut ce rele-meșteșugiri urzesc duhurile cele viclene de sub cer, a oftat și a zis: „Dumnezeul meu, cine va putea scăpa de acestea?" Și a auzit glas: „Numai cei smeriți și blânzi vor trece. Ba chiar nici nu vor fi atinși de ele."[28]

17/ Vedeți, când sufletul se smerește, când se supune voii lui Dumnezeu, duhurile cele viclene nu mai au putere asupra lui – căci se află sub ocrotirea Harului Sfântului Duh, este acoperit de Focul cel Dumnezeiesc.

18/ De aceea, dragii mei, să cădem cu toată inima înaintea Domnului, să ne rugăm să ne învețe să fim buni, precum Îngerii și Sfinții. Cât este de bine să fii între oameni buni, între cei ce duc o viață sfântă!

19/ Aici, pe pământ, oamenii sunt datori a se strădui să nu primească îndemnul duhurilor viclene. Sfinții Părinți spun că este bine să ne păzim, să priveghem, să știm că fiece gând care ne tulbură liniștea lăuntrică vine din iad. Și să nu primim acest îndemn, ci să-l alungăm degrabă! Dacă încuviințăm și începem să vorbim cu cugetul, ne-am prins în mrejele iadului. De la un gând drăcesc ca acesta, încep a roi multe altele, și abia după aceea vede omul pe unde s-a rătăcit și ce a făcut. Un rău se adaugă altui rău, iar apoi, când omul își vine în fire, spune: „La ce mi-au fost de folos toate acestea? Eram pașnic și liniștit, și dintr-odată totul s-a năruit..." Și s-a năruit pentru că nu am vegheat.

20/ Dragostea, bucuria, pacea – toate acestea sunt daruri Dumnezeiești, însușiri Dumnezeiești. Ele pot săvârși minuni și fiecare în parte. Dragostea le unește pe toate laolal-

---

28 Vezi nota 26.

tă, pacea izvorăște din om și răspândește liniște, bucuria ridică povara de la sufletul omului. Când vine un suflet bucuros la unul întristat și îi aduce gânduri blânde și pașnice, parcă se înseninează dintr-odată. Așadar, dragostea, pacea și bucuria fac minuni și luate în parte, dar împreună pot porunci tuturor făpturilor. Când sunt împreunate și înrădăcinate în inimă, se face pace oriunde își îndreaptă un astfel de suflet gândurile, căci din el izvorăște pace. Sfinții Părinți spun că poate să mute și munții. Se săvârșesc tămăduiri. De pildă, Domnul a arătat cum (se săvârșesc minunile) și a zis că o vom face cu puterea Sa cea Dumnezeiască. Și vor fi semne ca acestea: vom pune mâinile pe bolnavi și se vor tămădui. /cf. Mc. 16, 18/ Acestea sunt întocmai cuvintele lui Dumnezeu.

21/ Dar noi ne-am pierdut bunătatea pe care ne-a dat-o Dumnezeu și ne-am încurcat rău în gânduri, și nu putem ieși din strânsoare, ca să fie pace în inimile noastre. Trebuie să fim cu băgare de seamă, ca în inima noastră să nu pătrundă ceva care să tulbure pacea.

22/ Sfinții Părinți ne-au netezit calea și ne-au arătat cum trebuie să ne ostenim, cu ajutorul lui Dumnezeu. Dumnezeu este puternic și ne poate izbăvi din toate. Dar noi, nepricepuți fiind în viață, nu știm să ne păstrăm acea pace lăuntrică.

23/ Domnul vrea ca noi, din adâncul cugetului, cu deplină înțelegere, să alungăm răul și să-L primim în inimă pe Dânsul și binele Său. Pentru aceasta, avem trebuință să ne întoarcem la Domnul, Singurul Izvor al vieții. Să ne înrudim cu El – căci de El ne-am despărțit. Ne îndepărtăm uneori și de cei mai apropiați ai noștri. Adesea ne simțim înstrăinați chiar și de cei mai apropiați nouă, din pricină că ne-am îndepărtat cu cugetul, cu mintea și cu gândurile noastre de Adevăratul nostru Părinte.

24/ Viața cea duhovnicească este viață cugetătoare și înțelegătoare. Așadar, se cade a ne îndrepta grija către ceea ce mișună în noi, a ne ruga zi și noapte Domnului să ne izbăvească de tot răul, să ne curățească și să ne dea putere să alungăm de la noi îndemnul duhurilor viclene. Dacă primim îndemnul lor, l-am și încuviințat – și de îndată începe lupta. Alungăm îndemnul, iar dracii ne încearcă cu altele... Și nu avem pace, nu avem liniște. Atunci trebuie să ne întoarcem cu mintea și cu inima către Domnul:

Doamne, iată, n-am tărie, nu m-am învățat din tinerețile mele, învechitu-m-am în zile rele, îmbătrânit-a viclenia mea împreună cu mine, iar acum de multă osteneală am trebuință ca să o lepăd de la mine și să o smulg din rădăcină. Dar Tu Puternic și Tare ești, învață-mă să fiu fără de răutate, simplu, blând și smerit. Răsplătește-mă cu Dumnezeieștile Tale daruri, așa cum îi răsplătești pe Îngerii și pe Sfinții Tăi.

25/ Și așa, neîncetat, în simplitatea inimii și cu vorbele noastre, fiecare suflet să cadă înaintea Domnului – pe lângă pravila ce o avem și care ne este trebuincioasă (căci de nu avem pravilă, atunci cel necurat ne va da o altă pravilă, alte gânduri). Așadar, este nevoie de rugăciune – oricât de scurtă ar fi ea: de îndată ce ne ridicăm din pat, din somn, să-I mulțumim lui Dumnezeu pentru că S-a milostivit a ne trece cu bine peste încă o noapte. Când vine seara, să mulțumim pentru toate, căci Domnul este Dătător de viață, Care pe toate le dăruiește. Așa ne arătăm dragostea față de El, și pentru aceasta ne va alipi Luiși.

26/ Când sufletul îndrăgește din inimă rugăciunea, nu se mai poate despărți de Părintele său. Este neîncetat cu El, mereu în prezența Sa – fie că vorbește cu oamenii, fie că este la muncă, la serviciu. Este neîncetat cu El și se mișcă în prezența Sa, precum fac Îngerii și Sfinții. Iată, aceasta este arvuna Împărăției Cerurilor – încă de aici, de pe pământ. Un astfel de suflet s-a obișnuit cu viața cerească și trece din această viață – a multelor chinuri și osteneli – la bucuria cea veșnică a Fericirilor, ca unul ce s-a curățit încă de aici.

27/ Așadar, dragii mei, vă doresc tot binele, de la Domnul și de la Preasfânta Maică, care este o mare Ocrotitoare. Ea este numai dragoste – Maica Preasfântă. V-am istorisit și mai devreme cum a dorit Dionisie Areopagitul să o întâlnească pe Preasfânta Maică și cum s-a simțit în prezența ei: s-a slobozit dintr-odată de orice grijă a lumii acesteia și s-a luminat de o bucurie, pace și fericire negrăite. Vedeți, pe acestea ni le dorește neîncetat Maica, și se roagă zi și noapte să ne apropiem din inimă de ea, cu întreaga noastră ființă, căci ea este ocrotitoarea, apărătoarea și mijlocitoarea noastră înaintea lui Dumnezeu. Ea Îl va ruga pe Fiul ei să ne dea putere ca să fim buni și milostivi – așa cum sunt Îngerii –, ca să-L slăvim pe Dumnezeu aici, pe pământ, și în veșnicie.

28/ Nicio mișcare a cugetului care vine din suflet nu trebuie să fie centrul vreunui lucru de aici, de pe pământ. Centrul înțelegător al dragostei este Domnul. Prin El și întru

El sunt toate. Nouă nu ne este îngăduit să ne alipim de lucrurile cele lumești.

29/ Cetele Îngerești nu se robesc cu cugetul de lucruri. Îngerii privesc zidirea, dar nu sunt robiți cu cugetul de ea. Căci centrul gândurilor lor este robit numai puterii lui Dumnezeu, prin Care îi iubesc pe toți și pe toate. Iar noi, atunci când vedem un lucru care ne ademenește, de îndată ne alipim de el – groaznic și înspăimântător lucru! Căci de rămânem multă vreme astfel, acesta ni se face idol. În locul lui Dumnezeu, în inima noastră se află un lucru – fie unul viu, fie unul mort.

30/ Dragostea cea Dumnezeiască nu rabdă egoismul. Iar omul, atunci când a căzut, s-a deșertat, și nu mai are pe nimeni mai apropiat lui, decât pe sine însuși. El s-a întors spre propria-i persoană și o păzește: nu îngăduie nimănui să o defaime, vrea ca despre ea să se gândească numai de bine; dar pe lângă acestea, nu poartă grijă ce viață duce, ce face și cum face. Nu se îngrijește, căci este cu totul îndreptat asupra sinelui.

31/ Trebuie să ne disprețuim pe noi înșine pentru dragostea Domnului, iar pe acel *domn-eu* nu numai să-l lepădăm, ci chiar să-l ucidem. Căci dacă acesta nu moare, nu ne putem uni cu Domnul: ne va stânjeni mereu acest *domn-eu* al nostru. Căci el este mare domn și nu-și poate pleca grumazul, ci stă totdeauna țanțoș. De aceea avem trebuință de smerenie – să ne smerim și să ne umilim.

32/ Domnul ne-a arătat cum trebuie să fim: smeriți, umili, supuși voii lui Dumnezeu. Dar noi vrem să facem toate după socotința noastră. Ne chinuim pe noi înșine, ne muncim și nu împlinim nimic! Lumea aceasta nu vrea să fie precum vrem noi. Și *domnul-eu* se mânie atunci mult, căci nu este precum crede el. Iată, ne chinuim pe noi înșine – și eu singur îmi sunt vinovat. Nu m-am smerit, nu m-am unit cu Domnul, ci privesc în inimă – și, oricând aș privi, îl văd pe acest *domn-eu*. Când, pe deasupra, mai vine și ispita care-și înfige cuțitul, ne înjunghie și ne face rană mare... Vedeți cât de mult trebuie să ne tămăduim, cât trebuie să ne smerim, cât trebuie să cădem la Domnul așa, în chip simplu?!

33/ Iar cel ce s-a smerit pe sine nu socotește că este cineva, știind că e nimic, că e putregai. Dacă pe noi nu ne-ar păzi Domnul, dacă nu ne-ar ține Domnul, nimic nu s-ar alege de noi! Nimic! Numai noroi.

34/ Ați văzut ce om firesc este Starețul Cleopa[29]? Pentru că Dumnezeu l-a dăruit așa. Nu se socotește a fi ceva – știind că suntem un nimic, că suntem putregai. Dacă nu ne-ar păzi Domnul, nimic nu s-ar alege de noi. Nimic! Fără numai noroi și duhoare!

35/ Inima este întotdeauna rece atunci când este împrăștiată. Numai atunci când se adună gândurile, puterile și dragostea, când se adună în inimă, abia atunci începe inima să se aprindă.

---

29 Este vorba de Arhimandritul Cleopa Ilie (1912-1998) de la Mănăstirea Sihăstria Secului, județul Neamț, cu care Starețul Tadei s-a cunoscut. Acesta obișnuia să zică mereu despre sine, plin de smerenie: „Eu sunt moșu' Putregai! (n. red.)

36/ Când este împrăștiată, inima este rece – și sufletul nu este nici el acasă, ci pribegește. Când este acasă, sufletul încălzește și inima. De îndată ce a ieșit afară, este lovit: este bătut când este în afara casei – gândurile îl bat. Un gând este primit, un al doilea este izgonit, al treilea... Firește, inima se frânge și se răcește. Și zice: *Asta nu-mi face bine, cealaltă nu-i bună...* Toate acestea rănesc lăuntrul nostru, și inima este necăjită. Iar când sufletul își vine în fire, când se împacă cu Dumnezeu, atunci Dumnezeu este în centrul vieții, este bine și cald. Suntem împrăștiați și dezbinați – și numai Domnul poate, prin Harul Său, să ne tămăduiască.

37/ Domnul privește adâncul lăuntric al inimii noastre, la ce își dorește inima și către ce tânjește. Iar dacă sufletul nu-și poate veni de îndată în fire, Domnul, la vremea potrivită, din nou îl va curăți și-l va atrage spre centru, ca sufletul să-și revină – și sufletul se va smeri. Dar dacă în adâncul inimii este ceva ce nu s-a curățit – dacă acolo este ceva atras de lumea aceasta și ne leagă de viața aceasta –, atunci rătăcirea noastră va fi îndelungată și vom îndura multe chinuri și nevoi. Mai multe necazuri vom avea noi, cei credincioși, decât cei care nu sunt. Pentru că ei nu au acea durere lăuntrică, nu cugetă la veșnicie; pentru ei cele pământești sunt totul: să se veselească, să mănânce, să bea – spre acestea este îndreptată grija lor. Iar noi suntem dezbinați, vrem să fim cu Domnul, dar încă nu am părăsit starea noastră materială, lumească, cu care inima noastră are încă multe legături, și de aceea este înrobită. Pentru aceasta și suferim mult.

38/ De altfel, o astfel de suferință este mai mare la oamenii cei evlavioși, decât la cei care nu sunt. Inima trebuie să se desprindă de poftele ei lăuntrice. Dacă am înțelege că toate acestea nu sunt decât socoteli lumești: viața aceasta pământească, toate legăturile cu semenii, cu rudele tale – toate acestea ne leagă. Și dacă ne leagă atât de mult, încât inima noastră se lipește de ele, atunci este mai bine să ne lepădăm și de tată, și de mamă, și de frate, și de soț, și de soră – zadarnice sunt toate, dacă năruie pacea lui Dumnezeu dintru noi. Când lucrurile stau așa, se cuvine să ne lepădăm de toate acestea, să ne unim cu Domnul, să cerem ajutor de la Dânsul, să ne smerim, și atunci vom avea o purtare dreaptă față de toți. Mai întâi să ne unim cu Domnul, și El ne va învăța cum să-l iubim pe aproapele nostru, căci noi nu știm cum, pentru că dragostea noastră se preface de îndată în ceva material, fiindcă nu suntem curățiți lăuntric.

39/ Trebuie să izgonim din inimă socotelile și poftele lumești, și abia atunci putem – cu ajutorul Domnului – să-l iubim sincer și pe aproapele nostru. Altminteri, dragostea noastră pământească se lipește când de ceva, când de altceva – iar toate acestea sunt nestatornice, fără de niciun folos. Și această nestatornicie a noastră ne frânge, ne sfărâmă neîncetat. Nu primim viața cu înțelegere, ci doar în chip părelnic.

40/ Tot ceea ce plănuim să facem trebuie împlinit cu un singur gând și cu o singură dorire, căci Domnul aceasta vrea: ca toți să fim într-un cuget. Domnul S-a rugat ca noi să fim una, iar noi mereu suntem dezbinați – chiar și în mijlocul familiei. Asta nu-i bine. Omul vrea să-și facă voia. Înțelegem aceasta atunci când stăpânul casei este necredincios, și se întâmplă ca Domnul să cheme (la credință) un membru al familiei. Dar și sufletul acesta, pe care Domnul l-a chemat, e dator să lucreze cu înțelepciune. Nicidecum să se lupte în cuget cu stăpânul casei, căci altminteri nu poate spori! Atunci și el se face tâlhar, care își ucide semenii prin gândurile și dorințele sale. Altceva este dacă ne încredințăm Domnului, iar stăpânul casei ne spune: *„Leapădă-te!"* Atunci, nu-mi mai ești părinte, nici semen. Eu nu mă pot lepăda de Domnul, eu m-am unit cu El, sunt al Său și viața Sa cea Dumnezeiască este întru mine. Nu mă pot lepăda de Domnul – tu însă faci precum voiești. Dar, iarăși, nu se cade să cugetăm nimic vătămător în inima noastră, căci și cel mai mic gând vătămător ne tulbură pacea. Starea noastră lăuntrică se înrăutățește, dar și starea semenilor noștri se înăsprește. De aceea și cel mai mărunt gând care nu este întemeiat pe dragoste nimicește pacea. Chiar și cel mai neînsemnat gând, dacă nu se întemeiază pe dragoste, năruiește tot binele.

41/ În familiile cu mai mulți membri este de ajuns ca o singură persoană să fie nemulțumită – nu e nevoie să arate aceasta față de nimeni, ci doar să înceapă a cugeta cât de nedrept se poartă ceilalți cu ea și cât de rău este tratată –, ca să se tulbure pacea în familia aceea; acea persoană a tulburat-o, prin gândurile ei. Și toți sunt necăjiți, fără a ști din ce pricină.

42/ Față de aproapele nostru trebuie să avem aceeași purtare. Nu se cuvine să împărțim oamenii: *acesta îmi este simpatic, acesta antipatic,* căci atunci ați intrat în război cu cealaltă persoană, și nu vă va răbda. Chiar dacă în afară nu i-ați dat niciun prilej – nici prin cuvinte, nici prin fapte –, ați făcut asta în cuget, ați gândit-o în lăuntrul vostru.

43/ Noi, creștinii, prin Botez, ne-am îmbrăcat în Hristos, ne-am îmbrăcat în Dumnezeu, iar Dumnezeu este Dragoste. Și cum este cu putință ca, uniți fiind cu Domnul în Botez, să luptăm de fapt împotriva Sa? Cum luptăm? Prin gândurile noastre. Ne trimitem gândurile rele asupra celui de aproape al nostru și celui de departe.

44/ De cum se naște în noi un gând ce nu-și are temelia în dragoste, trebuie să știm că am primit înrâurirea duhurilor viclene. Primind gândul cel rău, îl primim în trupul nostru pe însuși vrăjmașul. Duhurile sunt nevăzute, dar noi le dăm trup spre a se face văzute.

45/ Duhurile cele rele, duhurile vicleniei de sub cer, sunt nevăzute. Noi le dăm trup să se facă văzute în lumea aceasta, să le putem vedea cum sunt la înfățișare. În răul care se vădește prin om vedem duhurile care stăpânesc sufletul acelui om și care se fac văzute prin el, care suduie... Nu acest suflet Îl mânie pe Domnul, căci sufletul s-a născut creștin, ci acela care îl stăpânește – duhul cel viclean –, care s-a înstăpânit în el și îl scutură după cum voiește. Și în loc să înțelegem ce înseamnă viața, noi ne împotrivim și ne trimitem gândurile cele rele asupra celorlalți oameni. Astfel, noi înșine ne facem răi. Căci de îndată ce s-au ivit în noi astfel de gânduri, îl primim în noi pe însuși vrăjmașul, căci acesta este putere cugetătoare și pătrunde – și de vreme ce i-am îngăduit, este prea târziu! De câte ori nu a intrat vrăjmașul și s-a sălășluit întru noi, cei evlavioși?! Ca să nu mai vorbim de ceilalți... De câte ori nu ne-am mâniat pe cei a căror purtare față de noi a fost necinstită ori defăimătoare? Dacă le vrem răul în gând, înseamnă că le-am ucis sufletul! Căci la Dumnezeu ajung toate cele ce sunt unite în gândul nostru cu simțirile inimii noastre – fie bune, fie rele.

46/ De aceea, trebuie să deslușim răul cu înțelegere, și tot cu înțelegere să alegem binele. Să priveghem neîncetat și să nu îngăduim celor care nu ne vor binele să intre în cămara noastră. Neîncetat să luăm aminte și să priveghem!

47/ Mult mai important și mai însemnat decât nevoința, decât postul și decât osteneala, este să fim cu luare-aminte...

48/ *„Rugați-vă neîncetat!"*, poruncește Apostolul. /1 Tes. 5, 17/ Rugăciunea lăuntrică este osteneala cea mai de seamă pe care o poate săvârși omul. Căci vrăjmașul nostru, puterile cele cugetătoare (duhurile cele căzute), știu că prin rugăciune omul se apropie cu inima și cu simțirea de Domnul, iar duhurile cele viclene caută să-l lege pe om de orice lucru lumesc.

49/ În rugăciune, trebuie mai întâi de toate să aveți luare-aminte; luarea-aminte să fie de căpătâi. Fără aceasta, rugăciunea nu este de niciun folos. Dar dacă o lăsăm cu totul, atunci este și mai greu. Așadar, să ne ostenim!

50/ Însă luarea noastră aminte este neîncetat abătută spre altceva. Sfinții Părinți se rugau la Domnul să îi izbăvească de risipire în vremea rugăciunii.

51/ Se cuvine să ne dăruim întru totul lucrării noastre, având gândul la Dumnezeu. Căci vrăjmașul trage neîncetat mintea noastră către risipire: unde am fost, ce am făcut, ce am auzit – chiar din copilărie –, dracii le amestecă atunci pe toate, iar noi credem că toate aceste gânduri sunt ale noastre. Ei au întreg catastiful vieții noastre: ce am făcut, cum ne-am purtat..., căci nu ne știu gândurile cele din lăuntru, dar văd chipul sufletului nostru. Drept aceea, este nevoie de mare stăruință pentru a ne apropia cu inima de Domnul și a rămâne neîncetat cu Dânsul. Aceasta este rugăciunea cea lucrătoare.

52/ Pe lângă cea lucrătoare, mai este și rugăciunea cu Har. Aceasta o primim ca dar de la Domnul. Văzând El truda noastră – că vrem din toată ființa să ne unim cu Dânsul, lepădând toate desfătările lumii acesteia –, Dumnezeu ne curățește treptat de grijile lumii, de alipirea de cele pământești, și ne îndreaptă sufletul către smerenie și simplitate, ca sufletul să nu mai pună la inimă jignirile, ci orice s-ar întâmpla, să se smerească și să zică: *Așa trebuie să fie.* Așadar, sufletul se curățește treptat, pentru a primi Focul cel Dumnezeiesc și pentru a se ruga neîncetat în Duhul Sfânt.

53/ Cei nevinovați, simpli, neîmpovărați de grijile lumii acesteia, primesc degrabă Focul cel Dumnezeiesc pentru dobândirea rugăciunii neîncetate. Dar noi, care vrem să pricepem ce înseamnă una și alta, ne-am încărcat cu grijile și cu foloasele acestei lumi – și trebuie să treacă ceva vreme ca să ne înnoim, să lepădăm toate și să ne naștem din nou... Însă nu putem face singuri acestea. Este nevoie ca Duhul Sfânt să Se pogoare în inimile noastre, să izgonească toate acestea, și înțelepciunea lumii acesteia să nu mai intre în noi – până ce, în chip simplu, ne vom împreuna cu Dumnezeu. Abia atunci dobândim de la Domnul adevărata înțelepciune și adevărata cunoaștere a tot ceea ce ființează, cu înțelegere adâncă a toate câte sunt. Cu cât mai mult se smerește sufletul, cu atât mai mult i se descoperă tainele cerești. Căci celui blând și smerit i se descoperă tainele tuturor lucrurilor care ne înconjoară – pe toate acestea le cuprinde cu înțelegerea cea duhovnicească. El le înțelege pe toate cu mult mai adânc decât ceilalți, care au cercetat ani îndelungați înțelepciunea lumii acesteia. Căci tainele sunt la Dumnezeu, și până ce nu se leapădă de înțelepciunea acestei lumi, oamenii nu pot pătrunde în adâncimea înțelegerii. Ei socotesc că au dobândit multe, că știu multe, și atâta vreme cât gândesc așa, adevărata înțelepciune Dumnezeiască nu poate intra în ei, ci li se dă numai o descoperire părelnică – prin osteneală – în medicină, în fizică...

54/ În lumea cea duhovnicească, gândurile sunt limpezi precum graiul: se aud. Pentru aceea, cel mai de preț dintre toate darurile din lumea aceasta este truda pentru sufletul nostru. Dacă omul nu se curățește, ci trece în veșnicie cu trăsături de caracter rele, nu va putea sta printre Îngeri și Sfinți. El va trece în veșnicie, la viața cea veșnică, având aceste însușiri nevolnice.

55/ Atâta vreme cât mai avem vreun reazem oarecare în lumea aceasta, prea puțin ne punem încrederea în Domnul. Sfinții Părinți le-au primit pe toate – fie bune, fie rele – ca fiind de la Domnul, și s-au smerit. Când Domnul vede că sufletul este pregătit, îl adumbrește cu Harul Sfântului Duh, și sufletul dobândește libertate, pace, bucurie și mângâiere – nu se mai teme. Noi însă mereu ne temem de ceva.

56/ Până ce nu avem luminare de la Duhul Sfânt, ne este teamă, dar după aceea se mistuie toată frica. Și acest suflet îi căinează pe toți, vede că totul pătimește din pricina căderii sale. Orice va vedea, degrab va voi ca pentru toți să plângă și pentru toți să se roage.

57/ Mult se poate trudi omul în lumea aceasta, mult se poate osteni pentru binele celorlalți, și totuși să nu-și curățească sufletul de păcat. Poate trece de cele mai multe vămi, dar la vama milosârdiei, din pricina alipirii gândului său de cele lumești, să se prăvale în prăpastie – căci, cu toată osteneala, nu a băgat de seamă că învârtoșarea inimii l-a legat de puterile cele diavolești. Multe lucruri bune a făcut în viața lui, mulți se pot mântui prin ostenelile sale – de pildă, dacă a înălțat locașuri de închinare –, dar nu a purtat îndeajuns grijă de curățirea sufletului, căci a fost legat de cele lumești – iar alipirea cugetului de cele lumești nu-i îngăduie să pătrundă în lumea celor nepieritoare, pe care numai sufletul cel curat le poate pricepe.[30] După măsura nemilosârdiei sale, el se găsește în puterea duhurilor viclene. Se află în stăpânirea duhurilor viclene și, ca un rob, săvârșește cele ce i se poruncesc – atât aici, cât este în trup, cât și după plecarea din trup, este silit să săvârșească cele ce i se poruncesc.

58/ Fără luptă împotriva diavolului nu ne putem mântui! Căci suntem fiii părinților noștri, cu toate însușirile lor rele, care nu pot fi lesne curățite. Trebuie să răbdăm multe

30 Acest pasaj provine dintr-o altă variantă a textului *O sută de capete*. (n. tr.)

dureri ale inimii ca sufletul să se slobozească de aceste legături ale cugetului. Vrăjmașii noștri ne atacă, și în chip nemijlocit, și prin oameni – și astfel, luptându-ne, prin Pronia lui Dumnezeu ne venim treptat în fire. Nu există rugăciune fără încercări.

59/ Astfel, sufletul pricepe că orice reazem al său de pe pământ nu înseamnă nimic, și zice: „Nu am pe nimeni care să mă înțeleagă." Sufletul caută dragostea statornică. Așa ceva nu se află pe pământ. Numai Domnul ne poate mângâia!

60/ După treapta slobozirii noastre de griji, Domnul ne dăruiește să simțim că El este cu noi. El este și Pace, și Bucurie, este și Părinte, și Maică, și Prieten – toate acestea le avem întru Dânsul. El este Cel ce îndestulează nevoile sufletului.

61/ Iar când sufletul se unește cu Domnul, trebuie să vegheze neîncetat căci purtăm trup, care ne leagă necontenit de cele lumești.

62/ Domnul îngăduie adesea vrăjmașului să ne ia pe neașteptate, și atunci ne mirăm ce se întâmplă cu noi. Totul este din îngăduința Domnului, ca să înțelegem că suntem nimic – că toată nădejdea noastră (pe care ne-o punem în noi) nu înseamnă nimic – și ca să nu socotim toată osteneala ca fiind a noastră.

63/ Se cade să ne păzim ca tot ceea ce gândim și lucrăm să fie plăcut Domnului. Și ceea ce cugetăm... Căci orice lucrăm aici, pe pământ, este lucrare Dumnezeiască.

64/ Dacă L-am iubi pe Domnul din toată inima, nu am greși în veci, căci El ar fi întru noi. El este Putere care arde toată necurăția, tot păcatul, și n-ar mai putea pătrunde în inima noastră nimic din cele ce nu sunt sfinte și virtuoase.

65/ Dar de vreme ce noi suntem trupești și necurățiți, de îndată ce vrem să ne arătăm dragostea față de aproapele nostru, se amestecă și patima trupească. Trebuie să despărțim dragostea de patimă. Să lăsăm deoparte patima, căci este înrâurire a vrăjmașului! Trebuie să hărăzim grija noastră dragostei lui Dumnezeu, care nu face deosebire. Dragostea cea Dumnezeiască nu este egoistă, ci atotcuprinzătoare: pe toți îi iartă și de toate se bucură.

66/ Lupta și înrobirea gândurilor... lupta este neîncetată, permanentă... Dar dacă, cu ajutorul lui Dumnezeu, sufletul se deprinde să nu primească înrâurirea, va ști că ea este necurată și va striga: „Iată, Doamne, ce este nevoia și răul acesta dintru mine? Mi-a venit gândul că cineva m-a rănit, și acum iarăși s-a întors gândul... Când aud că o țară se află în război și că undeva se întâmplă vreo nedreptate, de îndată mă duc cu gândul acolo și încep iute să cuget după înțelepciunea omenească. Și mi s-a stricat starea cugetului, am început să-i osândesc și pe unii, și pe alții!" Trebuie să-I îngăduim Domnului a le rândui El pe toate în lume, să nu ne amestecăm cu cugetul în acestea. Căci altminteri ne vom certa neîncetat cu lumea aceasta, ne vom lupta neîntrerupt, și niciodată nu va fi pace, niciodată nu va fi liniște (pentru noi). Și fiind aici (pe pământ), suferim – iar la sfârșitul vieții, iată, se dovedește că sufletul a învățat să se sfădească neîncetat cu gândurile.

67/ Furtuna de gânduri și tulburarea care vin după spovedanie și după răspunsurile date de duhovnic arată că ucenicul s-a mândrit, că se războiește în cuget cu duhovnicul lui, că și-a pus nădejdea în duhovnic ca într-un om. Domnul a văzut aceasta și a îngăduit ispitei să vină.

68/ Într-o mănăstire din Eparhia Branicevo viețuia un frate care făcea ascultare desăvârșită. Odată, când a primit vestea că mama lui a murit, fratele a venit la duhovnic și l-a întrebat: „Ce să fac?" „Mergi și te spânzură!", i-a zis bătrânul (cine știe din ce pricină!). Ucenicul – făcând ascultare în chip nechibzuit – a mers în clopotniță și s-a spânzurat. După aceasta, duhovnicul lui a căzut într-o cumplită mâhnire și deznădejde. Se spune că a slăbit mult și s-a schimbat. Iar pe ucenic l-au îngropat în pădure, fără slujbă de îngropăciune. Într-o noapte, o monahie a trecut pe lângă locul unde l-au îngropat și a auzit foșnind ceva pe marginea drumului. Și-a zis întru sine: „Negreșit, sunt niște gâze!" și și-a urmat drumul către mănăstire. S-a îngrozit însă când cineva i-a spus: „Cum ai cutezat să treci prin acest loc, căci aici este îngropat ucenicul acela!" Din pilda aceasta putem bănui soarta nenorocită din cealaltă lume a acestui sinucigaș, care, nesăbuit, din ascultare oarbă, necugetată, și-a curmat zilele. Starea acestuia în lumea de dincolo i-a fost descoperită mai târziu unui monah rus din Mănăstirea Milkovo, care a plecat mai apoi în America și a ajuns arhiepiscop. Acest arhiepiscop, Antonie, s-a rugat pentru sufletul acestui sinucigaș. Odată, el i s-a arătat în miezul zilei și i-a zis: „De ce te rogi pentru mine?" Iată cum a trecut întru totul de partea diavolului!

69/ Când omul pierde Harul, multă vreme nu pricepe aceasta, căci el crede că îl mai are încă, pentru că într-însul sunt încă vii gândurile de mai înainte – și nu pricepe că s-a răcit și că (de acum) este pierdut pentru viața cea veșnică.

70/ Chiar și în iad așezat, celui smerit și blând îi este bine.

71/ Mare ispită vine înainte de binele pe care îl săvârșește Domnul – ori după acesta –, pentru ca sufletul să rămână în smerenie.

72/ Domnul a dorit din veșnicie să Se întrupeze, căci a cunoscut că ființa cea înțelegătoare – firea aceasta gânditoare și materială – nu-și va păzi starea. Suntem datori să ne întoarcem la starea cea dintâi, să fim curați, blânzi, smeriți și buni, ca să fim în părtășie cu Dânsul, în dragoste – căci Dumnezeu este Dragoste.

73/ Abia atunci când intră în părtășie cu Îngerii și cu Sfinții, înțelege sufletul cele Dumnezeiești. Uneori, Domnul îngăduie aceasta și sufletului simplu. Când el (sufletul) nu are mângâiere de la nimeni pe pământ, atunci Însuși Domnul îi aduce mângâiere – când îi este cel mai greu, când nu are mângâiere nici de la oameni, nici de la cele dimprejur, când sufletul se simte alungat și disprețuit.

74/ Toate aceste puteri gânditoare sunt căzute și rătăcesc pe pământ, și fiecare păcat este o însușire a duhurilor care au căzut. Fiecare păcat este gând, putere înțelegătoare.

75/ Duhurile cele căzute își află „mângâiere": unele în mânie, altele în deznădejde, iar altele în curvie – și între ele se află trepte ale răului.

76/ Trebuie să rămâi firesc, neînfumurat – căci de îndată ce s-a trufit cineva, se vede pe el de unde vine aceasta: de la duhurile cele viclene, care veghează.

77/ Atâta vreme cât este în trup, sufletul este ocrotit, dar când părăsește trupul, atunci este cu totul fără de apărare, gol și slab, precum un melc când iese din cochilie.

78/ Dacă sufletul rămâne smerit, atunci Domnul îl luminează tot mai mult.

79/ Există în lumea asta unele suflete care sunt într-atât de unite în dragoste cu Domnul, încât niciun gând necurat nu se atinge de „aparatul lor cugetător". Ele nu intră în niciun fel de părtășie cu duhurile cele căzute.

80/ Din pilda Sfântului Iacob Pustnicul[31], vedem că scopul duhurilor viclene este să-l arunce pe omul sfânt în păcatul trupesc, ca astfel să piardă darul tămăduirilor și al facerii de minuni. Dar este bine să știm și aceasta: chiar și unii dintre cei cu viață sfântă au căzut, pentru că aveau încă în ei ceva de care nu se curățiseră. O fecioară s-a mândrit într-atât, încât a început a-i socoti necurați și a se scârbi de toți cei căsătoriți.

81/ Curăția filosofică dăinuie atâta vreme cât cugetul omului se îndeletnicește cu filosofia. Ar fi bine să ajungem la curăția care vine în urma dragostei de Dumnezeu.

31 Făcător de minuni fiind, din pricina mândriei a căzut în păcatul desfrânării și al uciderii, ca după o adâncă pocăință să dobândească iertare de la Dumnezeu și să se învrednicească din nou de darul săvârșirii de minuni. Se prăznuiește la data de 4 martie.

82/ Mântuitorul – prin cuvintele „la Tatăl Meu multe lăcașuri sunt" /cf. Io. 14, 2/ – S-a gândit la o seamă de măsuri ale minții, la felurite daruri duhovnicești, de care oamenii se bucură după măsura minții fiecăruia. Căci Domnul nu a zis multe sunt lăcașurile după felurimea locurilor, ci după treptele darurilor.

83/ Noi suntem foarte risipiți și împrăștiați, precum oglinda care s-a spart și oglindește realitatea în bucăți. Toate acestea, până când puterea lui Dumnezeu ne va aduna și ne va uni iar, încât chipul lui Dumnezeu să se oglindească întocmai și să se vadă (întru noi).

84/ Dacă Domnul ne-ar împlini toate câte i-am cere, după credința noastră, am ajunge acolo încât să nu mai avem trebuință de sfat de la nimeni, nici chiar de la Biserică. Atunci s-ar putea întâmpla ca diavolul să strice sănătatea cuiva, și să ne îndemne pe noi să ne rugăm pentru acela – iar apoi diavolul să se ascundă după rugăciunea noastră, și astfel să cădem pradă înșelării.

85/ Atunci când căutăm și așteptăm cinstire și să fim băgați în seamă de către ceilalți, ei ne întorc spatele, iar când nu ne pasă de aceasta ori fugim de cinstire, oamenii vin după noi.

86/ Gândurile noastre rele pricinuiesc rău și tulbură pacea în univers.

87/ Cât de iuți sunt Îngerii? Îngerii sunt ființe duhovnicești, iar viteza duhului este asemenea vitezei gândului. Viteza gândului este jumătate din iuțeala duhului.

88/ Când nu se vădește prin trup, sufletul se dezvăluie prin gânduri. Noaptea, sufletul intră în legătură cu lumea cea înțelegătoare (rațională). Și în starea de vis intră în părtășie cu duhurile celor vii, morți și căzuți. Când se arată sufletul care luminează – sufletul cel evlavios –, atunci diavolul năvălește asupra lui să-l înnăbușe, căci s-a ivit un „răzvrătit" în împărăția lor. Noi, prin mândria noastră, îngăduim duhurilor viclene să se apropie de noi.

89/ Felurite sunt stările în vis și în trezie. Atunci când sufletul este liniștit, când este smerit, „aparatul cugetător" este odihnit. Altminteri, „aparatul cugetător" este ostenit – seara, omul se culcă odihnit, iar dimineața se trezește cu totul zdrobit, de parcă ar fi făcut toată noaptea o muncă fizică grea. În subconștient curg, precum un film, lucruri din trecut și rătăcesc planuri de viitor. Sufletul face mereu combinații din ele. Când sufletul s-a curățit de toate aceste planuri și poveri ale cugetului, atunci visele sunt liniștite, și dimineața omul se trezește odihnit, luminat și proaspăt. (În vis) se poate întâmpla chiar să ne războim cu duhurile celorlalți oameni, care sunt în trup, și să ne sfădim cu ei.

90/ Beletristica este adesea urmare a minciunii duhurilor căzute. Astfel de romane și cărțulii nu sunt o lucrare creștinească, ci în ele se află de cele mai multe ori satanism, minciuni – căci satana este tatăl minciunii. Când omul este visător, când este distrat, el se află în mrejele satanei. Și atunci diavolul spune: „Uite, și tu ești ca mine."

91/ Domnul îngăduie multe dezamăgiri, necazuri și suferințe aici, pe pământ, ca să ne lepădăm de lume – când aceasta ne rănește atât de mult – și să înțelegem că Singur Domnul este Izvorul întregii mângâieri, al păcii și al liniștii.

92/ Când nu poate dobândi nimic prin gânduri de neliniște, vrăjmașul atacă și prin gânduri pașnice și liniștite. Și abia după ce, vreme îndelungată, zidim pe aceste gânduri – în chip mincinos „pline de pace" –, pricepem că ne-am îndepărtat și ni se vădește limpede cine a început de fapt toate acestea.

93/ Vine câte unul la mănăstire și nu îi este limpede pentru ce a venit, și începe să ducă acolo viață lumească. De aceea însă nu poate privi acesta la cel ce sporește întru ceva, căci vine la mănăstire cu trăsături de caracter pe care nu și le-a îndreptat. Va trebuie să se roage neîncetat astfel: „Doamne, ajută-mă să mă îndrept!"

94/ Domnul nu va împlini orice rugăciune a noastră, căci de am căpăta întotdeauna ceea ce cerem, cine ne-ar mai putea convinge că se află pe pământ cineva mai înțelept și mai deștept decât noi – de la cine ar mai primi sfat un astfel de om? Domnul ne descoperă uneori, prin gânduri, răspunsurile la felurite întrebări și taine, alteori însă ni le ascunde, ca să ne întoarcem către oameni pentru sfat și, astfel, să ne smerim.

95/ Noi, de obicei, ne mâniem când suntem ocărâți și batjocoriți – până când Harul lui Dumnezeu nu se pogoară peste noi. Iar când primim Harul, nu ne mai vătămăm când suntem ocărâți, ci rămânem totdeauna liniștiți, plini de bucurie, tăcuți, ca și cum nici n-am mai fi cei dinainte.

96/ Când ajungem la vreo neînțelegere, întotdeauna ne străduim să-l convingem pe celălalt că nu are dreptate.

Și astfel se ajunge la înăsprire. Acela se împotrivește și nu recunoaște, iar noi în zadar ne pierdem vremea și pacea sufletului. Dacă suntem pătrunzători, vom simți cine se află în spate, căci nu omul dinaintea noastră se împotrivește, ci duhul care se află dincolo de el, care vorbește din el, prin el. Nu-i de niciun folos să vă certați cu cei care luptă de mii de ani și care, de-a lungul miilor de ani, s-au deprins în lupta cu oamenii!

97/ Ce este postul? Postul nu stă atât în înfrânarea de la mâncare, cât în înfrânarea de la gânduri necurate. Să postim cu gândul!

98/ Dacă un duh viclean vede că un om Îi slujește lui Dumnezeu și sporește în bine, atunci se strecoară în inimile celorlalți oameni și, din lăuntrul lor, îl pizmuiește pe acest om al lui Dumnezeu. Astfel, duhul cel căzut face în așa fel încât unii oameni să încerce o stare sufletească rea față de fratele lor: aceștia simt pizmă față de el și, sub înrâurirea diavolului, pricinuiesc fratelui multe necazuri, răspândesc vorbe fără rost, graiuri necuviincioase și clevetiri, îl împiedică în lucrarea sa... Și face vrăjmașul în așa fel încât oamenilor li se pare că ei sunt cei ce îl pizmuiesc pe frate – căci nu știu că duhul cel viclean a pus stăpânire pe ei și că pe omul lui Dumnezeu îl pizmuiește de fapt duhul vicleniei, din lăuntrul lor, din inima lor. Deopotrivă, duhul cel viclean se ivește în inima omului în chipul bucuriei atunci când vreun vecin al lui, cu care vreme îndelungată a fost în vrajbă, a avut o nereușită, o pierdere sau o moarte – și omul nu știe că de fapt în el a început să se bucure duhul cel drăcesc.

99/ Duhul poate ocupa mai mult loc decât trupul omenesc, dar, de asemenea, și mult mai puțin decât trupul omului – atât de mic, cât un centimetru cub. Și astfel poate intra în om o întreagă legiune de duhuri căzute. Aceste duhuri căzute află o mare bucurie în a lua în stăpânire trupul omenesc, în a se „întrupa" – și, astfel, intră în om.

100/ De aceea, dragii mei, vă doresc tot binele de la Domnul și Maica Preasfântă, care este marea noastră ocrotitoare, și apărătoare, și mijlocitoare înaintea lui Dumnezeu. Ea Îl va ruga pe Fiul Său să ne dăruiască putere să fim buni și să-L slăvim pe Dumnezeu și aici, pe pământ, și în vecii vecilor. Amin.

CAPITOLUL VII

NUMAI DUMNEZEU DĂRUIEȘTE PACE ÎNTREGII FĂPTURI

Cuvânt ținut de Starețul Tadei
cu prilejul Praznicului Adormirii
Preasfintei Născătoare de Dumnezeu,
la 15 August 1984.

Mulțumesc Domnului nostru Iisus Hristos și Preasfintei sale Maici a lui Dumnezeu, căci bine a voit Domnul să preamărească această prăznuire a Preasfintei Născătoare de Dumnezeu – Adormirea –, prin glasurile cele îngerești ale copiilor noștri, care cântă atât de frumos. Îmi amintește de zilele tinereții mele, înainte de război, când eram frate la Mănăstirea Patriarhiei din Peci – marele lăcaș de închinare, Sionul nostru. La fiecare praznic, corul din Peci cânta la slujbă, la Sfânta Liturghie. Era un cor mixt, frumos organizat, și dirijorul era deosebit. Am ascultat multe coruri – și belgrădene, și din alte părți –, dar corul acela din Peci era ceva aparte. Astăzi, când am rostit binecuvântarea – *„Binecuvântată este Împărăția..."* –, ei au răspuns: *„Amin."* Aceasta m-a dus de îndată cu gândul la acele zile ale tinereții și mi-a atins inima, căci atunci când cântarea de la strană este frumoasă, omul uită de toate grijile și de toate foloasele lumii acesteia, și se înalță în veșnicie, cu Domnul, cu Îngerii și Sfinții, acolo unde este Patria noastră și unde este Împărăția noastră. Dacă Împărăția noastră ar fi de aici, din lumea aceasta, atunci am trăi veșnic în îndestulare, în pace și bucurie. Dar noi, aici, pe pământ, suntem – cum se spune – sub epitimie: trebuie să ne pregătim, să învățăm viețuirea cea cerească, să dobândim pacea lui Dumnezeu. Aici nimeni nu ne poate dărui pace, căci numai Dumnezeu dăruiește pace întregii făpturi și nouă – dacă o căutăm și dacă o dorim din inimă, dacă vrem să ne unim cu Dânsul. El voiește ca sufletul nostru să se împreuneze cu Dânsul, cu Dumnezeul nostru, vrea ca dorirea și voia noastră să se unească cu voia Sa cea Dumnezeiască, cu dorirea cea Dumnezeiască, ca întreaga noastră făptură să se unească cu El – să simțim bucuria Vieții. Dar noi ne încurcăm mult în viața materială a acestei lumi, și nu mai avem vreme să cugetăm la sufletul nostru, la pacea lui cea din lăuntru – și neîncetat ne stricăm pacea lăuntrică.

Și iată, avem multe pilde de urmat. Domnul ne-a dat-o mai cu seamă pe Preasfânta Maică a lui Dumnezeu. El a binevoit ca după Înviere și după Înălțarea la Cer să o lase pe Preasfânta Maică aici, ca mângâiere Sfinților Apostoli, ca bold al râvnei după Dumnezeu. Unul dintre părinții noștri de Dumnezeu purtători, născut în Atena, Dionisie Areopagitul, a dorit să o vadă pe Preasfânta Maică. Când a ajuns la Ierusalim, când l-au dus în odaia în care trăia Preasfânta Maică, în casa Sfântului Ioan Teologul, s-a slobozit dintr-odată de toate grijile, și l-a cuprins o pace nespusă și o bucurie negrăită. El însuși zugrăvește întâlnirea cu Maica cea Sfântă a lui Dumnezeu așa: „Dacă nu mă învățau din tinerețe să-L cunosc pe Adevăratul Dumnezeu, pentru mine Preasfânta Maică ar fi fost Dumnezeu."

Vedeți cum din Maica Domnului izvorăște pace, liniște și bucurie?! Așa a binevoit Dumnezeu, ca fiecare suflet care se unește cu El să răspândească pace și bucurie. Iar pacea și bucuria cea Dumnezeiască izvorăsc din suflete ca acestea – și ne simțim bine alături de ele. Vedeți, deci, ce înseamnă Împărăția Cerurilor? Împărăția Cerurilor este *dreptate, pace și bucurie întru Duhul Sfânt!* /cf. Rom. 14, 17/

Preasfânta Maică neîncetat se roagă pentru noi și neîncetat ne cercetează. Ori de câte ori o căutăm din inimă pe Preasfânta Maică, ea este nelipsită. Ea singură, după Domnul, este cea mai mare apărătoare a neamului nostru. O, câte biserici pe fața pământului sunt închinate Preasfintei Născătoare de Dumnezeu! Ce mulțime de izvoare tămăduitoare, la care oamenii dobândesc multă vindecare – acolo unde s-a arătat Maica Domnului și a binecuvântat acele izvoare spre vindecarea bolnavilor și a celor sănătoși! Ea este neîncetat și necontenit cu noi – dar noi o uităm.

Și, vedeți și voi, că aici, pe pământ, putem fi părăsiți chiar și de rudele cele mai apropiate. Cu toții avem slăbiciunile noastre, și adesea îi vătămăm și pe cei de aproape ai noștri – ca să nu mai vorbim despre ceilalți. Iar aceștia, din pricina nestatorniciei noastre, pot să ne disprețuiască și să ne respingă, sau ne pot ierta – dar sunt, cu toate acestea, mâhniți. Însă Domnul și Preasfânta Sa Maică? O, cât de mult Îi întristăm – prin nestatornicia noastră, aici, pe pământ – pe Domnul și pe Preasfânta Născătoare de Dumnezeu... Dar atunci când cădem din inimă către Dânșii, ne iartă toate! Nu țin minte niciuna din ticăloșiile noastre, din faptele cele netrebnice din viața noastră – iar viața ne este atunci ca și cum n-ar fi pe pământ.

Vedeți și singuri cât de iute trece viața. În anii tinereții nu băgăm de seamă acest lucru cu ușurință, dar când mai înaintăm cu vârsta, înțelegem că a trecut mult, și puțin a mai rămas din viață. Și unde mergem după aceea, când vine sfârșitul vieții? Aici știm unde să ne ducem, dar ce va fi după aceea? Încotro mergem? Suntem oare pregătiți pentru Împărăția Cerurilor, pentru Patria noastră? Acolo intră numai cei smeriți, blânzi și curați cu inima. Și am purtat noi oare de grijă inimii noastre, care ne-a pricinuit atâtea dureri în viață? Oare i-am zis acestei inimi a noastre: „Mi-ai adus destule dureri, smerește-te odată și fii inimă răbdătoare!?"

Domnul ne-a spus că prin răbdare ne mântuim sufletul. În viața aceasta, după cum vedem, multe necazuri îi lovesc și pe cei dreptcredincioși, și pe cei necredincioși, și pe cei drepți, și pe cei ce păcătuiesc – toți trecem prin suferințe, și acestea sunt un mijloc de a învăța să biruim totul cu pace. Nu avem o putere a noastră, Domnul nostru însă are. Trebuie să cădem către El din inimă, și ne va da putere să biruim totul cu pace, căci în viața aceasta se cuvine să ne ridicăm mai presus de toate lucrurile cele mărunte care tulbură pacea cea din lăuntru. Dar grija noastră asupra acestui lucru este slabă. Pacea noastră lăuntrică este atât de tulburată de nedreptățile pe care le vedem pretutindeni și în tot locul. Adesea, la necaz, noi înșine săvârșim nedreptatea: credem că săvârșim un lucru drept, pe când, de fapt, el se vădește a nu fi drept – nu suntem pe calea cea dreaptă. Se cuvine ca, uniți cu Domnul, să biruim cu pace toate aceste întâmplări ale vieții care ne strică pacea cea lăuntrică, ca neliniștea cea dinafară să nu mai pătrundă în noi, ci să avem neîncetat pace lăuntrică.

Domnul Se află în centrul vieții fiecăruia. El este în inima noastră, fie că Îl cinstim ori nu. El nu Se îndepărtează de noi, căci este Dătător de viață și dăruiește viață tuturor făpturilor. Noi însă L-am îngropat cu grijile și cu zbuciumul lumii acesteia, care ne nimicesc pacea, și pentru aceasta nu avem odihnă și liniște. Aici, pe pământ, nimeni nu ne poate da tihnă lăuntrică – căci nici bogăția, nici slava, nici cinstea, nici rangul, nici rudele noastre, nici semenii noștri nu ne pot dărui această pace lăuntrică nezdruncinată. Singurul Dătător de viață și Dătător al păcii și al bucuriei este Dumnezeu. El dăruiește tihnă, liniște și bucurie Îngerilor, Sfinților, nouă, pe pământ, și întregii făpturi. De aceea, dragii mei, se cuvine a cădea către Domnul, avem trebuință de pocăință!

Iar pocăința... Ce înseamnă pocăința?... Pocăința este schimbarea vieții, părăsirea omului celui vechi cu toate relele sale obiceiuri, și întoarcerea către Dumnezeu – Adevărul. Pocăința înseamnă să avem pace, liniște, să fim buni și blânzi. Și singuri vedeți cât este de plăcut – și în societate, și pretutindeni – atunci când se află printre noi un suflet blând și pașnic. Iar sufletul cel neliniștit își pricinuiește singur neliniște, și neliniștea lui răzbate și în jur, stricând și starea noastră din pricina zbuciumului său, căci nu suntem uniți cu Domnul prin rugăciune neîncetată. Pentru aceasta ni se tulbură și pacea cea lăuntrică. Avem pace, însă, atunci când suntem cu Domnul și cu Preasfânta Născătoare de Dumnezeu, căci ea ne ajută întotdeauna când o chemăm. Iată reazemul nostru care nu se schimbă, care în veci este același, care nu se va depărta de la noi, care va fi cu noi în veac! Dar noi necontenit căutăm aici, pe pământ, un astfel de sprijin care să rămână neschimbat, pe care nu-l putem afla nici în rudele noastre cele mai apropiate, nici în bogăție, nici în slavă, nici în cinste, nici în nimic altceva. Toate acestea ne pot părăsi, însă Domnul și Preasfânta Născătoare de Dumnezeu nicicând nu ne vor lăsa.

Drept aceea, dragii mei, preaslăvind în ziua aceasta pe mărita Născătoare de Dumnezeu, să ne deprindem cu viața cea cerească, să ne deprindem a tinde neîncetat cu inima către Dumnezeu, așa cum tind Îngerii. Să tindem către Preasfânta Născătoare de Dumnezeu, căci ea este mare apărătoare și mare rugătoare pentru noi înaintea lui Dumnezeu, înaintea Fiului ei, pentru noi, neputincioșii. Ori de câte ori cădem către ea din inimă, ne este aproape ca să ne ajute. Cât de multe locuri de pe întregul pământ și câte inimi întristate nu a mângâiat ea, câte suflete nu a scos din iad la Rai, în Împărăția Cerurilor! Și, de aceea, dragii mei, în viața aceasta scurtă, aici, pe pământ, să ne deprindem cu viețuirea cea cerească – încă de aici, de pe pământ! *Iar viața cea cerească este pacea și bucuria în Duhul Sfânt.* Aceasta înseamnă să învățăm a fi pașnici și liniștiți. Să ne smerim inima, care mult se vatămă – această așa-zisă demnitate a noastră –, căci nu putem intra mândri în Împărăția Cerurilor, dacă primim în inimă toate ocările de la aproapele. Să ne învățăm în viața de zi cu zi – pentru că zi de zi avem parte de griji, necazuri și jigniri – să nu primim ocările, căci cine știe ce ne mai așteaptă până la sfârșitul vieții și prin ce vom mai trece!? Dar Domnul este milostiv față de noi și ne ascunde viitorul. Altminteri, niciunul dintre noi n-ar putea îndura dacă i s-ar descoperi viitorul vieții sale. Căci trecem prin felurite necazuri și greutăți, și din aceste necazuri și suferințe învățăm să ne înălțăm mai presus de greutățile și de neînțelegerile care tulbură pacea cea din lăuntru. Să ne deprindem a dobândi pacea cea Dumnezeiască, bucuria cea Dumnezeiască, pe care o au Îngerii și Sfinții – căci Împărăția Cerurilor se câștigă încă de aici, de pe pământ.

Iar noi suntem când în Rai, când în iad... Și singuri vedeți aceasta și cercetați! Când avem gânduri bune, pașnice și liniștite, care iartă toată ocara fiecărui suflet – iată pacea noastră cea Dumnezeiască, și bucuria, și liniștea! Iar când ne mâniem din pricina ocărilor ce ni se aduc, iată iadul nostru – totul se strică în noi, nu mai avem dorință de viață! Vedeți cât de înfricoșat lucru este să trăiești în iad! Iar aici, pe pământ, putem gusta și viața din Rai, și viața din iad. Ar trebui să alegem ceea ce ne aduce pace, să alegem Împărăția Cerurilor. Toți doresc aceasta – fiecare dintre noi, fără deosebire –, fie că avem o viață bună, fie rea. Toți năzuim spre bine și pace, spre dragostea cea negrăită care nu se schimbă, iar acestea toate sunt numai de la Dumnezeu. El este Singurul Care nu Se schimbă. El este neschimbat în veac și este Limanul întregii fǎpturi, și veșnic ne așteaptă pe noi, copiii Săi, să ne întoarcem în sânul Lui – însă noi fugim necontenit de Dânsul. El vrea să ne dăruiască pace, și bucurie, și mângâiere, să simțim bucuria Vieții, iar noi ne încărcăm mereu cu grijile lumii acesteia.

Mult păcătuim în viața noastră, încă de la început. Iar Domnul ne-a spus să fim cu luare-aminte, căci nu vom avea o viață bună aici, pe pământ, și prin multe necazuri și multe dureri ale inimii vom trece, până ce ne vom smeri și vom pricepe încălcarea noastră. Căci Domnul a zis: „Cinstește pre tatăl tău și pre maica ta, ca să fie ție bine și să trăiești mult pre pământul cel bun, care Domnul Dumnezeul tău ți-l dă ție." /Ieș. 20, 12/ Aceasta este Legea. Însuși Domnul ne-a arătat, prin pilda Sa, atunci când, la sfârșit, jertfindu-Se pe Cruce pentru noi, S-a îngrijit până în ultima clipă de Maica Sa, care era de față. I-a spus Maicii Sale: „Femeie, iată Fiul tău!" și i l-a arătat pe cel mai iubit dintre Ucenicii Săi, Ioan, iar acestuia i-a zis: „Iată maica ta!" /Io. 19, 26-27/ În limba aramaică vorbită la vremea Sa de către Mântuitorul, a-i fi spus cuiva „femeie" însemna a folosi un cuvânt mai înalt decât „mamă" – dar pe acestea nimeni nu a știut să ni le lămurească, și zicem în cugetul nostru: Cum de-a putut Domnul să-i spună Maicii Sale „femeie"? Sau, când Domnul Se afla la nunta din Cana Galileii, când L-a rugat Preasfânta Maică, zicând: „Vin nu au", El a grăit: „Ce este Mie și ție, femeie? Încă nu a venit ceasul Meu!" /Io. 2, 3-4/ În limbajul nostru de astăzi, când spunem cuiva „femeie", este ceva oarecum necuviincios, însă în aramaică, când spunem „femeie", este ceva mai înalt decât „mamă"! Și Domnul, în cel din urmă ceas, s-a îngrijit de Maica Sa. Vedeți? Noi însă, cum ne purtăm cu părinții noștri? Să nu dea Domnul să mai continuăm în felul acesta cu părinții noștri! Încă din copilărie nu-i respectăm pe tatăl și pe mama noastră, și vrem să ne fie bine pe pământ. Dar cum oare să ne fie bine, dacă noi, încă din copilărie, săvârșim păcate? Legea cea lumească, care este schimbătoare, pedepsește orice fărădelege.

Cu atât mai mult Legea Cerească, Cuvântul lui Dumnezeu, Legea lui Dumnezeu – care rămâne neschimbată, care rămâne veșnic aceeași. Căci ce este Cuvântul lui Dumnezeu? Duh și Viață.

Noi suntem copiii părinților care au căzut în păcatul neascultării. Când neascultarea s-a sălășluit în Strămoșii noștri, Adam și Eva, firea noastră s-a schimbat dintr-odată, a devenit stricăcioasă, rău-mirositoare, trecătoare și muritoare. A intrat în noi moartea, dar strămoșii noștri, înainte de cădere, erau nemuritori. Și numai Dumnezeu, Cel ce ne-a făcut, ne poate aduce în starea cea dintâi, să fim așa cum ne-a zidit. Pentru aceasta, El, Care este întru totul Dragoste, a binevoit să Se nască din pântecele Preasfintei Născătoare, ca Prunc în mijlocul nostru, și să trăiască treizeci și trei de ani printre noi ca să ne arate Adevărul, să ne arate că El Însuși este Dragostea. Iar noi trebuie să urmăm pilda Domnului nostru, a Preasfintei Născătoare, a Apostolilor și a Sfinților, să ne înnoim viața, să ne pocăim, să părăsim viața noastră cea veche cu relele ei obiceiuri, să ne străduim să fim ascultători. Dacă am necăjit pe cineva – părinți, frați, aproapele nostru –, să iertăm din inimă, și atunci când vom ierta din inimă, Domnul va ști. Nu trebuie să iertăm numai prin cuvinte, căci este doar ceva părelnic. Domnul vrea să iertăm din inimă oricărui suflet, și atunci sufletul acela o va simți: nu este nevoie să-i spunem niciun cuvânt, el va simți că l-am iertat cu adevărat.

De ce simte? Cum simte? Pentru că noi, oamenii, suntem o putere înțelegătoare, un „aparat gânditor". Suntem legați unii de alții prin gânduri. Când ne gândim la o persoană, în clipa aceea ea primește gândurile noastre, dar noi suntem împrăștiați, dezbinați în cuget, și nu putem vedea cine ne trimite gândurile și ce anume ne trimite. Însă sufletul care s-a împreunat în cuget cu Domnul și pe care Domnul l-a slobozit de risipire, știe care gânduri vin de la El, care vin de la vrăjmași și care de la prieteni. Pentru aceasta se ivesc în noi gânduri și simțăminte ale celor apropiați. De aceea, vă zic: dacă iertăm din inimă, sufletul pe care l-am iertat va simți de îndată și i se va ușura povara!

Așa să deprindem viețuirea cerească, pentru a câștiga pacea cea din lăuntru. Lumea aceasta însă nu ne poate da pacea lăuntrică, ci numai Dumnezeu. De aceea, să cădem din inimă către Preasfânta Născătoare de Dumnezeu, ca să mijlocească pentru noi la Domnul, spre a ne dărui putere, spre a ne așeza cu Îngerii și cu Sfinții și spre a-L slăvi pe Dumnezeu, în vecii vecilor. Amin.

DESPRE APROPIEREA DE SFÂNTA ÎMPĂRTĂȘANIE

Părintele Tadei/ Cine s-a pregătit să primească Sfânta Împărtășanie să se apropie cu luare-aminte.

Vă voi zice doar ceea ce spune Sfânta Biserică, prin Legea Sa – adică prin pravilele și canoanele Sfinților Părinți –, despre cei ce sunt opriți o vreme de la Sfânta Împărtășanie. Atâta timp cât nu se pocăiesc, Biserica îi îndepărtează de la Sfânta Împărtășanie pe cei ce au săvârșit ucidere cu vrere. De asemenea, sunt opriți de la Sfânta Împărtășanie toți cei ce se îndeletnicesc cu vrăjitoria sau care au mers la vrăjitori – câtă vreme nu se pocăiesc. Și cât timp nu se pocăiesc, toate acele femei care au făcut avort – căci acesta este un foarte mare păcat, strigător înaintea lui Dumnezeu, și din această pricină suferă mult neamul nostru! –, pe acestea Biserica le oprește de la Sfânta Împărtășanie, precum și pe cei ce nu s-au împăcat cu semenii lor, care își urăsc aproapele, care nu pot ierta din inimă. Și pe aceștia Domnul îi oprește de la Sfânta Împărtășanie, căci cu toții suntem zidirea mâinilor Domnului, suntem ai Săi, iar El cere – dacă dorim a fi veșnic cu Dânsul – să iertăm din inimă tuturor oamenilor.

Și astfel, dragii mei, cu inimă împăcată, cu simțiri neîntinate și cu cuget curat să vă apropiați de Domnul, să primiți Preacinstitul Trup și Sânge al Domnului. Căci vedeți cum a binevoit Domnul să ne înrudim cu El, nu numai după suflet, ci și după trup! Vedeți, noi ne înrudim cu El și după duh, și după suflet, și după trup. El a binevoit să ni Se dea pe Sine. Vedeți cum ni Se dă El fără preget! Ni Se dă întreg. Ne dă Preacinstitul Său Trup și Sânge, ca să avem viață veșnică împreună cu El și în părtășie cu El – pentru aceasta și cere să avem inimă curată, să ne asemuim Îngerilor și Sfinților. De aceea trebuie să iertăm acum fiecăruia din inimă, căci toți suntem ai Domnului. Nu trebuie să avem niciun gând de întristare, ci să primim pe Domnul. Dacă Îl primim pe Domnul cu ură față de aproapele, primim în noi osândă, și nu mântuire. Așadar, dragii mei, fiecare să se cerceteze, și astfel să se apropie de Sfântul Potir.

***

TREBUIE SĂ NE ÎMPĂCĂM CU TATĂL CEL CERESC

Părintele Tadei/ Totul este chin al sufletului, totul este necaz! Și vedeți și voi înșivă cum: când sălășluiți în pace, vă este bine – dar pacea aceasta, aici, pe pământ, nu este trainică, ci vremelnică. Grabnic se nimicește și se tulbură această pace. Pentru aceasta trebuie să fim neîntrerupt în legătură cu Viața, cu Izvorul vieții, cu Dumnezeu. Necontenit, neîntrerupt. Îndată ce starea sufletului s-a stricat, îndată să căutăm ajutor de la Domnul. Așa cum un copil mic, care, de cum s-a despărțit de mama lui, și începe să plângă după ea, nu vrea să rămână singur niciodată, la fel și sufletul nostru, dacă este depărtat de Domnul, suferă mult în viață. Iar atunci când este unit cu Domnul, oricâte i-ar fi necazurile, totul îi este ușor. Trece peste toate, căci simte bucurie – bucurie și pace Dumnezeiască –, simte că trebuie să treacă prin focul și prin apa lumii acesteia ca să biruie totul, să se ridice mai presus de lucrurile cele mărunte care ne chinuie. Și mai cu seamă, ne muncesc gândurile. Atunci le săvârșim pe toate cu fapta, și tot nu avem pace și ne mustră conștiința. Iar mustrarea conștiinței este Judecata lui Dumnezeu întru noi. De aceea trebuie să ne împăcăm cu Părintele cel Ceresc, să cădem din inimă către Dânsul, ca să ne ierte și să ne dăruiască Harul Său, puterea Sa cea Dumnezeiască, să fim veșnic în pace și bucurie, precum sunt Îngerii și Sfinții. Amin.

***

CARE ESTE VITEZA DUHULUI

Părintele Tadei/ Un cuvios, căruia i s-a arătat Preasfânta Născătoare de Dumnezeu, a dorit să știe care este iuțimea duhului. Și a zis: „Când căutăm ajutor, adesea îl primim în acea clipă, mai cu seamă când suntem într-o stare grea, într-o împrejurare de viață și de moarte – într-o clipită dobândim ajutor, însă doar dacă omul se roagă din inimă." Iar Preasfânta Născătoare i-a răspuns că *duhul se mișcă precum gândul (și mai iute), iar gândul are doar jumătate din iuțimea duhului.* Ne mutăm cu gândul într-o clipită, indiferent de depărtare. Nici nu gândește omul, că ajutorul a și venit: este o viteză de neînchipuit. Mintea omenească trece, dintr-odată, prin veșnicie.

CUGETUL CEL DUMNEZEIESC ÎNFĂPTUIT ÎN TIMP ȘI LOC

Părintele Tadei/ Tot ceea ce vedem cu ochii – și în depărtare, și în apropiere – totul este Cuvântul lui Dumnezeu înfăptuit, Cugetul cel Dumnezeiesc înfăptuit în timp și loc. Și mersul acesta al vieții curge astfel – de la Facerea Lumii până în ziua Înfricoșatei Judecăți. În ziua aceea se va împlini dreptatea, și fiecare va primi după faptele sale. Atunci Domnul va zice: „Iată, toate cele vechi au trecut, pe toate le înnoim, Cer nou și pământ nou." /cf. Apoc. 21, 1/

CAPITOLUL VIII

SEAMĂNĂ DRAGOSTE, ȘI DRAGOSTE VEI CULEGE

Convorbire cu Starețul Tadei

din 1984, la Mănăstirea Vitovnița.

DUMNEZEU ESTE DRAGOSTE

Noi, oamenii, atunci când ne rugăm, săvârșim pravila fără participarea întregii noastre ființe. Și această pravilă este pentru noi doar de formă. Așadar, privindu-ne pe noi înșine, vedem că suntem împrăștiați și, bineînțeles, aceasta nu este o rugăciune în duh și adevăr – ne rugăm cu trupul și cu buzele, și rostim cuvintele, dar prezența ființei noastre este, de fapt, în altă parte. Atenția s-a abătut cu totul pe alt plan, nu stă la cuvintele rugăciunii pe care o rostim. Pentru aceasta, Sfinții Părinți spun că înaintea rugăciunii trebuie să stea de strajă purtarea de grijă a omului. Când ne rugăm fără luare-aminte, atunci nu ne rugăm nici în adevăr, nici în duh, nici cu gândul nu ne rugăm. Dar când suntem cu luare-aminte și știm ce cerem când ne rugăm, atunci luarea-aminte este adunată întru noi asupra cuvintelor pe care le rostim, asupra a ceea ce cerem.

Când îi cerem unui om să facă ceva pentru noi – și știm că este puternic și poate să facă acel lucru –, i ne adresăm, cum s-ar zice, cu întreaga ființă, și-l rugăm: „Fă-mi asta, și asta! Știu că ai puterea să faci asta." Așadar, atunci avem deplină încredere în el și îl rugăm. Însă adesea ne rugăm lui Dumnezeu fără atenție, de formă, și socotim că ne-am rugat, dar, de fapt, nici n-am fost prezenți în rugăciune, ci am avut vreo socoteală în minte – poate ne-a ocărât cineva, și cugetăm la asta; sau avem vreun plan al nostru de lucru și îl săvârșim în gând; sau citim ceva..., doar că nu suntem prezenți în rugăciune. De aceea a zis Domnul că „Duh este Dumnezeu, și cei ce se închină Lui, în duh și adevăr se cade a se închina." /Io. 4, 24/ Prin urmare, trebuie să fim prezenți cu duhul.

DRAGOSTEA CEA DUMNEZEIASCĂ ȘI DRAGOSTEA OMENEASCĂ

Părintele Tadei/ Dumnezeu este Dragoste, și dacă în viața noastră ne folosim de Dumnezeu – după cum spun Sfinții Părinți –, atunci înseamnă că ne folosim de dragoste. Dacă socotim și știm că El este pretutindenea, dacă suntem uniți în inimă cu Dânsul, ne va învăța cum să-l iubim pe aproapele nostru – căci noi nu știm nici cum să-L iubim pe Domnul, nici pe aproapele. În dragostea cea Dumnezeiască sădită în noi de către Domnul se amestecă adesea și duhurile cele din văzduhuri, ca să ne abată cu totul de la calea cea dreaptă a dragostei adevărate. De fapt, acest îndemn al lor este o mreajă de simțiri trupești și simțăminte ale lumii acesteia, de desfătări pământești – este o înrobire.

Adeseori se întâmplă ca un om – fie în tinerețe, fie la bătrânețe – să se îndrăgostească de o ființă vie sau de vreun obiect, de o fire moartă. Unul se îndrăgostește de aur, încât nu poate cu niciun chip să se despartă de el sau de bogăția sa, de casă, de avere – și, astfel, este înrobit. Iar dacă cineva l-ar smulge din acestea, ar fi pe deplin deznădăjduit. Adesea se întâmplă ca duhurile cele din văzduhuri să-l împingă pe om într-o situație în care, în deznădejdea cea mai de pe urmă, să-și ia viața. Oare aceasta este dragoste?

Vedeți că în dragostea noastră, care este sădită întru noi de Domnul, se amestecă și duhurile cele din văzduhuri! Și această dragoste este una fără de judecată, pe când dragostea cea Dumnezeiască este nemărginită. Ea nu face deosebiri, este foarte îngăduitoare – ceea ce spune și Sfântul Apostol Pavel: „Îmbrăcați-vă întru dragoste, carea este legătura desăvârșirii." /Col. 3, 14/ Căci Dumnezeu este Ființă desăvârșită, lipsită de neajunsuri. De aceea, când răsare în noi dragostea cea Dumnezeiască, în deplinătatea Harului, atunci cuprindem nu numai întreaga lume, ci chiar întregul Cosmos. Așadar, Domnul este întru noi – și Dumnezeu este prezent în tot locul, cuprinzându-le pe toate. Prin urmare, se arată atunci întru noi dragostea Dumnezeiască cea atotcuprinzătoare. Atunci nu mai facem deosebiri. Toți ne sunt semeni, pe toți îi vedem buni, iar pe noi ne socotim a fi cei mai răi – slugi ale întregii Zidiri.

Vedeți, în această dragoste Dumnezeiască omul se smerește atât de mult, sufletul ajunge la o stare înaltă de smerenie – iar smerenia este desăvârșirea vieții creștinești. Desăvârșirea vieții creștinești se atinge nu în învierea morților, nu în facerea de minuni, ci în deplina smerenie. Iar când ne luminează Harul Sfântului Duh în plinătatea dragostei Dumnezeiești, atunci noi – cu alte cuvinte – dorim la toți să slujim, să le fie bine tuturor. Și pe cea mai măruntă furnică, când vedem că ceva o chinuie, dorim să o ajutăm cumva! Deci, dragostea este jertfă. Dragostea se jertfește pentru aproapele.

DESPRE CITIREA VECHIULUI TESTAMENT

Părintele Tadei/ *Înțelepciunea lui Solomon* trebuie totuși citită abia mai târziu, ca să poată fi înțeleasă după cum se cuvine. În *Înțelepciunea lui Solomon* există lucruri care trebuie tâlcuite mai adânc. *Cântarea Cântărilor* înfățișează înțelepciunea, dar ea este descrisă astfel încât cel nepriceput o poate înțelege literal și se poate sminti – mai cu seamă în anii tinereții. Căci acolo sunt multe lucruri din pricina cărora cei neînvățați se pot ispiti.

SUFERINȚA VINE DIN ÎNDEPĂRTAREA DE DUMNEZEU

Suferința ființelor înțelegătoare izvorăște din faptul că s-au îndepărtat de Dumnezeu – de Izvorul și de Însuși Centrul vieții. Dacă ne îndepărtăm de Viață, bineînțeles că suferim.

SĂ-I ÎNCREDINȚĂM DOMNULUI GRIJILE

Părintele Tadei/ Când vorbim cu semenii noștri, și aceștia ne împărtășesc poverile lor, dacă avem dragoste, atunci ascultăm cu atenție istorisirea greutăților lor și ne facem părtași la suferințele și patimile lor, căci suntem plăsmuiți de Dumnezeu, adică din dragoste – și noi suntem o revărsare a dragostei lui Dumnezeu. Dar și mai mult ne împovărăm, căci și noi suntem încărcați de griji, de neliniști și slăbiciuni. Iar de această îngreunare trebuie să ne despovărăm singuri mai apoi, dar numai Domnul ne poate ușura! Căci El este Cel ce poartă toate slăbiciunile și neputințele noastre. Pentru aceasta este nevoie să cădem către Dânsul, să fim neîntrerupt în rugăciune cu Domnul – și atunci ne va veni ușurarea. Și ne vom slobozi, nu vom mai purta cu noi grijile aproapelui nostru, căci le încredințăm pe toate lui Dumnezeu. El este Purtătorul tuturor grijilor noastre.

Dacă avem grija acestor greutăți ale lor, începem și noi să cugetăm neîncetat la ele. Din clipa în care am cugetat la acestea, ne-am și împovărat cugetul.

Dacă îl ascultăm pe aproapele nostru, dar nu participăm cu atenție, negreșit ne va fi cu neputință să-i răspundem, să-i dăm un răspuns mângâietor sau de îmbărbătare... Atunci suntem absenți. El ne povestește, dar noi nu luăm parte la necazurile lui, ci rămânem cu gândurile și dorințele noastre. Însă dacă participăm, purtăm atunci și povara noastră, și a lor.

CUGETUL ÎMPOVĂRAT

Părintele Tadei/ Dacă nu mai putem îndura, trebuie să ne rugăm de îndată lui Dumnezeu: „Doamne, nu pot purta nici neputințele mele, peste măsură m-am îngreuiat, iar acum m-am împovărat și cu ale acelora, și cu ale acestora. Nu știu cum s-o scot la capăt cu îndatoririle mele. Nu pot singur a le împlini și, socotind că nici n-am voit a le săvârși, și mai vârtos mă îngreuiez din pricina acestor cugete. Dorință am ca să ajut, însă nu-mi stă în putință; alții, însă, socotesc că nu am dorit a-i ajuta – și atunci și mai mult pe sinemi mă împovărez."

Iar când ne rugăm Domnului din toată inima, și ne încredințăm Lui – pe noi înșine împreună cu toate grijile noastre și ale semenilor –, vom fi despovărați; cu alte cuvinte, ni se vor dezlega hamurile care ne țineau. Mai înainte eram cu cugetul legat, iar acum, că ne-am slobozit, am pus toate la picioarele Domnului, ca El să le dezlege. Dacă nu ne vom deprinde să facem astfel, zi de zi ne vom îngreuia tot mai mult și mai mult, vom fi mereu tot mai împovărați. Iar într-o bună zi nu vom mai putea vorbi deloc cu semenii noștri. De ce? Vom fi stresați, vom spune: „Te rog, lasă-mă în pace, nici greutățile mele nu pot să le duc – cu atât mai puțin vreuna din grijile tale." De aceea, trebuie să învățăm a ne despovăra cugetul. Când suntem împovărați, trebuie să ne rugăm lui Dumnezeu, să-I încredințăm Domnului toate grijile noastre și ale semenilor noștri. Toate necazurile mele și ale tuturor semenilor mei care se vaită de ceva pentru slăbiciunile lor – pe toate le încredințez Domnului și Preasfintei Maici, ca să le dezlege. Iar Domnul și Maica Preasfântă le dezleagă. Ce-aș putea face eu, când nici pe mine însumi nu mă pot pune în rânduială? Cum să-l ajut atunci pe altul?

LINIȘTIREA GÂNDURILOR

Părintele Tadei/ Când aproapele ni se plânge din pricina neputințelor sale, luăm parte la ele, dar dacă nu știm să ne liniștim – iar aceasta înseamnă să-I încredințăm Domnului neputințele și slăbiciunile noastre și ale aproapelui nostru –, atunci luăm asupra noastră această mare povară, și sistemul nostru nervos nu mai poate răbda: nu ne mai putem suporta nici pe noi înșine, nici pe semenii noștri. Atunci, în chip firesc – și în societate, și la locul de muncă, și în familie, pretutindenea –, viața devine chinuitoare. Nervii ne sunt încordați peste măsură, iar noi nu suntem deprinși să ne liniștim sufletește. Aceasta înseamnă că trebuie să ne odihnim cugetul. Când gândurile noastre se liniștesc, și trupul se odihnește.

INIMA SĂ FIE ÎN LINIȘTIRE

Părintele Tadei/ Trebuie să ne predăm Domnului, să-I încredințăm toate ale noastre, căci El este pretutindenea. Domnul vrea de la noi să fim liniștiți și în pace, fără vreun gând. Așadar, inima să fie în liniștire. Sfinții Părinți zic: „Să ne adunăm mintea în inimă." Și acolo să sălășluiască mintea, dar fără gânduri, fără imagini; atunci să-i dăm – spun Părinții – lucrare, căci mintea se află neîncetat în mișcare și caută lucrare; să-i dăm atunci rugăciunea Numelui Mântuitorului, a Numelui lui Iisus. Să-i dăm minții să-L cheme pe Domnul în ajutor – căci El este aici –, și să fie neîncetat în părtășie cu Dânsul.

FIINȚE CUGETĂTOARE

Părintele Tadei/ Domnul este Singurul Care poartă toate grijile noastre, toate greutățile noastre, tot zbuciumul, toate slăbiciunile și neputințele, trupești și sufletești. El este Cel ce le poate duce pe toate, căci este tare și atotputernic. Cu alte cuvinte, toate câte s-au adunat grămadă asupra noastră și le purtăm în cuget trebuie să le predăm Domnului și să ne despovărăm. Să le predăm prin rugăciune. Acesta-i țelul rugăciunii – să ne unim cu Domnul și să nu ne grijim pentru ziua de mâine, așa cum El Însuși spune: „Ajunge zilei răutatea ei." /Mt. 6, 34/ Așadar, să nu ne îngrijim pentru ziua de mâine. Dar noi ne îngrijim mult nu numai pentru ziua de mâine, ci și mai departe, și astfel ne îngreunăm. Suntem însă ființe cugetătoare, făcute pentru povara unei singure zile. Iar noi ne împovărăm mult mai mult – de aceea și suferim, pentru aceasta ne și chinuim. Nu vrem să ascultăm, nu suntem ascultători. Dacă am asculta de Domnul..., căci Domnul spune: „Ci luați aminte de sine-vă, ca nu cumva să se îngreuieze inimile voastre cu sațiul mâncării și cu beția și cu grijile vieții." /cf. Lc. 21, 34/ Iar noi ne îngreuiem întotdeauna, neîncetat, nu numai cu mâncare și băutură, ci și cu griji. Împovărăm și trupul, și sufletul. Mâncarea și băutura îngreuiază trupul: când mâncăm și bem mai mult decât avem trebuință, organismul se face greoi și nervii sunt încordați, pentru că trebuie să mistuie tot; organismul lucrează și este îngreunat. Iar când ne împovărăm peste măsură și în cuget, cu gândurile, atunci îngreuierea și suferința sunt îndoite. Pentru aceasta avem trebuință de rugăciune neîncetată.

Dumnezeu nu are nevoie de rugăciunile noastre – ele nouă ne sunt de folos. Când ne rugăm Domnului, de fapt, noi Îl căutăm și vorbim cu El așa cum o facem cu semenii noștri. Iar Domnul este Părintele nostru. Nu se află nimeni, aici, pe pământ, atât de apropiat nouă, care să ne înțeleagă și să ne primească așa cum o face Domnul. Cât de nespusă este dragostea Sa, care nu poate fi nici zugrăvită, nici pricepută! Suntem prea mici pentru a înțelege adâncul dragostei lui Dumnezeu. Cu câtă milosârdie Se poartă față de noi...! Nici nu putem pricepe! Domnul Se dăruiește întreg, fără reținere, iar noi nu înțelegem defel aceasta.

DUMNEZEU ESTE DRAGOSTE

Părintele Tadei/ Domnul așteaptă neîncetat de la noi să ne unim întru totul cu Dânsul prin dragoste, însă noi ne depărtăm de El. Și vedem că fără dragoste nu există viață – adică, fără Dumnezeu nu există viață, căci Dumnezeu este Dragoste. Dar nu este o dragoste după logica acestei lumi, o dragoste după cum o înțelege lumea aceasta. Dragostea lumii acesteia este suferință, înrobire, căci în dragostea noastră se amestecă duhurile cele din văzduhuri. Aici există puțină dragoste, iar în cea mai mare parte este înrobire. Duhurile cele din văzduhuri caută să ne înrobească și să ne lege de lucruri, de persoane, încât inima noastră și întreaga noastră ființă să nu se lipească de Izvorul vieții, de Dumnezeu – Dragostea cea Adevărată. Căci duhurile știu: dacă inima noastră se unește cu Dânsul, nu se vor mai putea apropia de noi. Cel ce se află în plinătatea Harului lui Dumnezeu, unit cu dragostea Domnului, acela este înconjurat de această dragoste Dumnezeiască, de acel Har Dumnezeiesc, și duhurile cele din văzduhuri nu se pot apropia de el. Nu se pot atinge de noi, căci suntem îngrădiți cu puterea cea Dumnezeiască, cu Harul lui Dumnezeu.

DRAGOSTEA – CEA MAI PUTERNICĂ ARMĂ

Părintele Tadei/ Dragostea este cea mai puternică armă care există. Nu se află altă putere sau armă care să poată lupta împotriva dragostei. În fața dragostei totul cade.

Vedeți, Îngerii nu se lasă robiți de lucruri, așa cum facem noi, cei căzuți. Noi, cei căzuți, ca și duhurile cele căzute, ne robim de obiecte, bunuri și făpturi. Cetele Îngerești, însă, nu o fac. Și cei care se împreunează cu Domnul din toată inima și cu întreaga lor ființă nu se înrobesc de nimic aici, pe pământ. Nimic nu-i poate robi. Inima lor nu poate fi încătușată. Ei se află în deplinătatea, în plinătatea Harului lui Dumnezeu, uniți cu Domnul – și atunci, cu Domnul, pe toți îi iubesc. Minunat lucru! Atunci simțim că toți ne sunt dragi – fie ei buni ori răi. Toți ne sunt semeni – singurul lucru neplăcut este că gândurile lor se împotrivesc dragostei, se fac potrivnici binelui. Aceasta îi tulbură și îi îndepărtează de noi.

DESPRE SUFERINȚA OAMENILOR

Părintele Tadei/ Toată făptura zidită este desăvârșită – toată făptura. Și duhurile care au căzut au fost plăsmuite ca făpturi desăvârșite. Ele au căzut de la desăvârșirea minții la joasa cugetare, și întrucât s-au îndepărtat de Izvorul vieții, caută mângâiere în viața cea mincinoasă. Nu au viață adevărată, ci o caută în lucruri, în cele ce sunt mărginite. Acestea le este mângâiere, acestea le este hrană. Neîncetat. Dar pentru că s-au îndepărtat de dragoste, și știu cum era pe când se aflau sub călăuzirea Duhului Sfânt, în deplinătatea Harului, caută să o imite și, astfel, înșală oamenii, amăgesc neamul omenesc, îi dau mângâiere mincinoasă, numai ca să-i câștige pe oameni.

Și oamenii se îndeletnicesc cu atât de multe lucruri: filosofie, cugetare, realizări ale științei – iar toate acestea sunt vremelnice, sunt o mângâiere mult prea scurtă. Și iarăși se naște în oameni depresia și singurătatea. Căci oamenii aici, pe pământ, se simt singuri și printre cei mai dragi ai lor – pentru că suntem căzuți. Plâng copiii, dar plânsul acesta este și al părinților lor...

Asemenea și duhurile cele căzute – și ele, cu alte cuvinte, se simt singure, și de aceea sunt totdeauna unele cu altele, dar în tot felul de rele, așa cum greșesc și oamenii aici, pe pământ. Duhurile cele viclene sunt unite în cuget și, fiind împreună, fac orice, zi de zi, numai să aibă mângâiere – dar mângâiere nu au. Așa și oamenii: unii se duc și sparg sticle și pahare, și se îmbată, și se întorc acasă cu capetele sparte – și tot nimic. Nicio mângâiere nu află. Atunci caută pe alt făgaș al vieții... și nicăieri nu află alinare. Iar cei ce se unesc cu Domnul, știți – când se unesc așa cum o fac Îngerii –, aceștia se află veșnic în pace, în bucurie și liniște neîntreruptă. În ei sălășluiesc pacea și bucuria cea nestrămutată.

PĂRTAȘI SUFERINȚELOR NOASTRE

Părintele Tadei/ Sfinții Părinți spun că Îngerii sunt părtași la suferințele noastre și se întristează că nu putem nicicum să ne venim în fire, să ne întoarcem și noi către Domnul, să ne liniștim de aceste griji și neliniști ale noastre, să le încredințăm Domnului pe toate, căci El Se îngrijește de noi. De când ne-a zidit, El Se îngrijește de noi, de ceea ce va fi cu noi.

DUMNEZEUL LUCRURILOR MARI ȘI AL CELOR MICI

Părintele Tadei/ Aici, pe pământ, fiecare își are lucrarea sa. Dacă noi, cei mici, știm aici ce trebuie să facem, unde și cum trebuie puse lucrurile în rânduială, cu atât mai mult știe Cel ce pe toate le cuprinde, întreg Cosmosul, Care Se îngrijește de el până la lucrurile cele mai mărunte. Domnul spune: „Eu sunt Dumnezeul nu doar al lucrurilor celor mari, ci și al celor mai mărunte, al celor mai mici decât atomul." El este Dumnezeu, El le-a făurit pe acestea. El știe cum să le cârmuiască. Iar noi trebuie doar să ne înțelegem, să fim uniți într-un cuget cu Dânsul. Căci El dorește ca făptura cea înțelegătoare care s-a îndepărtat de dragostea lui Dumnezeu, de Dânsul, să se întoarcă, să-și vină în fire. Însă este foarte greu să ne întoarcem.

DREPTATEA LUI DUMNEZEU VA BIRUI!

Părintele Tadei/ Așa cum zic Sfinții Părinți, „Duhurile au căzut din desăvârșire. Acum sunt pe pământ și văd că vremea scurtă este." A venit vremea să se sfârșească acea perioadă de la Facerea Lumii până la Ziua Înfricoșatei Judecăți. Și duhurilor căzute le este foarte greu, căci știu că va fi Judecată, și că aceasta va fi dreaptă, și că vor fi apoi pe deplin îngrădite. Ele au acum o oarecare libertate: se mișcă printre oameni, săvârșesc toate aceste înșelări, înrobesc oamenii și câștigă multe suflete omenești în tabăra lor. Ele socotesc că până la urmă vor câștiga – dar la sfârșit va birui dreptatea lui Dumnezeu! Așa cum cugetă și fiii și fiicele lumii acesteia, căci cu cât au mai multe arme și mulțime de oameni, duhurile cele viclene socotesc că vor birui... până la Înfricoșata Judecată.

SĂ NU NE MÂNIEM

Părintele Tadei/ Și când știm că nimic nu este trainic – până la Ziua Înfricoșatei Judecăți –, ci totul se schimbă, să ne osârduim atunci a nu ne mânia, ci a ne învăța în fiecare zi, așteptând pe Domnul, și El va pune apoi toate în rânduială. Va fi mai bine decât credem.

FIE DESĂVÂRȘIRE ÎN BINE, FIE DESĂVÂRȘIRE ÎN RĂU

Părintele Tadei/ Totul se află pururea în schimbare, se preface neîncetat. Nimic nu rămâne în aceeași stare, ci se schimbă sau se desăvârșește: în bine ori în rău.

Nu vom putea învăța să fim smeriți, până ce nu vom suferi multe dureri în inimă. Și până ce nu vom învăța să fim smeriți, vom îndura multe dureri în inimă. Dumnezeu stă deoparte, îngăduie să primim durerea sub coasta stângă, să vedem ce miasmă avem acolo, iar apoi zicem: „M-a mușcat chiar de inimă, oh, și nu-l pot ierta!" Cum să nu-l poți ierta, când și tu ești la fel ca el, când și tu ai mâniat pe mulți în același fel? Învață acum să fii liniștit! Nu ne vom putea deprinde să fim smeriți, până ce nu vom suferi multe dureri în inimă.

Sfinții Părinți spun: „Dacă nu ne vom osteni să ne smerim, Domnul nu va înceta să ne smerească El Însuși." Domnul nu va înceta să ne smerească prin cineva de lângă noi. Cineva ne va mânia, ne va împinge la o stare de mânie, până ce vom ajunge să rămânem liniștiți atunci când oareșicine va vrea să ne mânie. Atunci vom fi cercați. Și ne va ataca, dar noi vom rămâne liniștiți. Va năvăli din toate părțile, iar noi vom privi în liniște, ne vom păzi pacea cea din lăuntru – nu ne-ar plăcea să ne dăm pacea lăuntrică atât de ieftin. Iată, atunci sufletul se face smerit și blând, și trece prin lumea aceasta cu o deplină înțelegere a vieții. Iar oamenii socotesc după aceea și spun: „Știu, omule, cum erai tu înainte, îndărătnic, acum însă ai devenit parcă nesimțitor, totul îți este la fel." Nu, aceasta nu este nepăsare, ci biruință asupra răului!

DOMNUL NE DĂ PUTERE SĂ BIRUIM RĂUL CU PACE

Părintele Tadei/ Domnul ne dă putere să biruim răul cu pace. Câtă vreme suntem aici, în trup, se cuvine să biruim toate acestea prin puterea lui Dumnezeu. Aceasta și vrea Domnul de la noi: să respingem răul prin înțelegere și să ne întoarcem cu toată inima și cu toată ființa noastră către El, către Domnul.

DISPOZIȚIA PE CARE O AVEM FAȚĂ DE SEMENI

Interesele și planurile noastre ne încurcă mult în viață. Interesul, și planul unu, apoi doi, și trei, și patru, și cinci... Credem că nu vom izbuti nimic dacă nu planificăm, dacă nu socotim, dacă nu facem ceva. Trebuie să ne ostenim să lucrăm după conștiință, dar nu în grabă, căci din grabă ne răstoarnă vrăjmașul. În graba aceasta nu ne mai îngrijim dacă nu cumva vătămăm vreo persoană sau vreun interes al semenilor noștri, dacă nu împiedicăm pe cineva – nu avem grija acestui lucru, preocupați fiind de planurile noastre... Și uite așa greșim față de aproapele nostru de-a lungul vieții. Iar când greșim față de aproapele, de fapt nu greșim față de o ființă omenească, ci chiar față de Dumnezeu greșim. Căci Dumnezeu locuiește tainic în fiecare suflet, și pretutindenea sălășluiește. Iar felul în care ne purtăm cu aproapele este felul în care ne purtăm cu Dumnezeu.

Noi nu înțelegem că nu suntem pe calea cea bună, dacă ne purtăm cu dragoste față de cei care au dragoste pentru noi, iar celor care ne urăsc le întoarcem cu aceeași măsură. Aceasta nu este calea cea bună, căci se cuvine să fim fii ai Luminii, fii ai Dragostei, fii ai lui Dumnezeu – copiii Domnului. Da, să fim copiii Săi, să avem caracterul Său, caracter Dumnezeiesc – caracterul păcii, al dragostei și al bunătății.

A NU TE ÎMPOTRIVI CELUI VICLEAN ÎNSEAMNĂ A-ȚI PĂZI PACEA LĂUNTRICĂ

Părintele Tadei/ Știm cum a fost Domnul câtă vreme a fost în Trup – a fost cu grijă față de toți, față de fiecare, față de cei ce Îl prigoneau. El este Dumnezeu Atotputernic: un singur gând și cuvânt al Său – și totul cade, totul se năruiește. Dar El ne-a arătat calea, cum se cuvine să învățăm a ne feri de rău. Domnul Însuși spune: „Să nu stați împrotivă celui viclean." /Mt. 5, 39/ Spune să nu ne împotrivim celui viclean, și a nu ne împotrivi înseamnă *a ne păzi pacea lăuntrică.* Împotrivirea este ceva rău: ea vrea să întoarcă ceva cu aceeași măsură, și atunci se pornește război – hrană pentru duhurile cele căzute din văzduhuri. Dar când atacă și nu întâmpină împotrivire, atunci armele lor cad de îndată și sunt biruite. De aceea, să ne ostenim cu orice preț, cu ajutorul lui Dumnezeu, și să-L rugăm neîncetat: „Doamne, păzește-mi pacea lăuntrică, învață-mă să fiu un suflet liniștit, pașnic, bun – așa cum sunt Îngerii și Sfinții Tăi."

Pentru aceasta și trebuie să fim neîncetat cu gândul la Dumnezeu. Celor pe care îi iubim în viața aceasta, familiilor noastre, celor apropiați nouă, le dăruim toată grija și toată viața noastră, gândurile și simțirile – totul. Iar Domnul tocmai aceasta vrea de la noi, căci El este Părintele nostru. Cu dreptate ne cere să-I înapoiem ceea ce ne-a dăruit, pentru binele nostru, ca să fim părtași la bucuria cea Dumnezeiască, la pacea și la viața cea Dumnezeiască, să nu fim străini și să nu ne chinuim singuri. Pentru aceasta, să învățăm a ne ruga neîncetat Domnului, să-L căutăm în rugăciune neîncetată.

„DOAMNE, IZBĂVEȘTE-MĂ DE UITARE!"

Sfinții Părinți spun: „De îndată ce ne trezim, grija noastră să fie la Dumnezeu, gândurile noastre să se unească cu Domnul." Și așa, de-a lungul zilei, necurmat, neîncetat, să ne amintim de Domnul. Sfinții Părinți se rugau: „Doamne, izbăvește-mă de uitare!" Neîncetat se rugau pentru aceasta – pentru izbăvirea de uitare. Căci ne pierdem în obiecte, în lucruri, în muncă..., uităm că Domnul este pretutindenea, că este de față, uităm că lucrarea pe care o săvârșim este și lucrarea Sa. Credem că oamenii sunt cei ce ne-au dat a împlini sarcina aceasta, și parcă o lucrăm peste voie – iar dacă o săvârșim cu voia noastră, atunci se naște în noi cârtire și împotrivire. Așa curge viața noastră de zi cu zi, în împotrivire, așa îmbătrânim – suntem deja în vârstă, iar viața noastră a trecut în necontenită împotrivire...

DACĂ, CU VREMEA, NU TRECEM PESTE ACEASTĂ ÎMPOTRIVIRE LĂUNTRICĂ, NU PUTEM INTRA ÎN ÎMPĂRĂȚIA CERURILOR

Părintele Tadei/ Trebuie să deprindem viața cea cerească – și acesta nu e lucru ușor, căci am trăit până acum o viață mărginită, a împotrivirii. Iată, de pildă, un familist – care are familie, casă – știe să-și facă munca, dar adesea face vreo muncă peste voia sa, pentru că, să zicem, tatăl lui i-a zis că cutare treabă trebuie făcută așa și așa, iar el o face împotriva voii sale, și lucrul nu iese cum trebuie. Așadar, dacă lucrăm astfel, se face împotrivire lăuntrică; dacă, cu vremea, nu ne lepădăm de această împotrivire lăuntrică, nu putem intra în Împărăția Cerurilor, în rând cu Îngerii, printre Sfinți. Căci ne-am deprins a ne împotrivi mereu la ceva, căci întotdeauna ceva nu este după dorința noastră, după voia noastră. Nu ne-am deprins cu ascultarea. Nu am învățat să ne supunem voii lui Dumnezeu, ci dorim să fie voia noastră. Ei! Păi, fiule, voia ta nu trebuie s-o faci! Pe cei ce-și fac voia proprie nu-i vor primi nici Cerul, nici pământul. De aceea să-I mulțumim, să-L lăudăm pe Dumnezeu pentru toate – și pentru împrejurarea în care ne-a pus. El știe ce și cum, iar apoi va scoate ceva deosebit de frumos din noi, atunci când ne vom smeri.

Se cade să știm că aici, pe pământ, săvârșim lucrarea Sa, fără a ține socoteală de sarcina care ne este încredințată. El chivernisește această lucrare a noastră, El este Cel ce ne-o dă... Și fie că suntem credincioși sau necredincioși, fie că vrem sau nu vrem, se cuvine să împlinim planul lui Dumnezeu.

Dragii mei, mult v-am împovărat cu vorbele mele – dar astfel să ne învățăm să fim buni!

CUVÂNTUL PĂRINTELUI – LUCRU SFÂNT

Părintele Tadei/ Duhurile din văzduhuri se amestecă și în cugetul copiilor, strică totul, pretutindenea. Copilul trebuie crescut, trebuie învățat în ascultare, mai cu seamă până la cinci ani, căci până atunci i se formează caracterul. Trăsăturile de caracter dobândite până atunci îi rămân apoi întreaga viață. În acest timp, părinții ar trebui să-și deprindă copiii să fie pe deplin ascultători. De fapt, cuvântul părintesc să fie pentru ei, pentru copii, un lucru sfânt. Când părintele spune ceva, așa să fie: Amin. Dar, vedeți, părinții nu au deprins asta, și din copilărie ne învață să ne împotrivim și să nu ascultăm: „Spune bunicii sau bunicului: Nu vreau! Învață-te de mic să nu asculți!" Și, iată, cu acestea creștem noi!

***

DUHURILE RELE

Părintele Tadei/ Duhurile cele din văzduhuri lucrează uneori și asupra lumii animalelor, când vor să tulbure pacea vreunui suflet, dacă este liniștit și cu pace: omul păzește turma, și aceasta se zbuciumă dintr-odată atât de tare și se pornește încoace și încolo, încât nu poate omul să le adune, și atunci se mânie... Vedeți, dar, că duhurile din văzduhuri au înrâurire și asupra lumii animalelor, cu atât mai vârtos asupra unei ființe înțelegătoare. Omul primește astfel de gânduri și socotește că sunt ale sale. Așa este și cu copiii cei mici.

DACĂ VREI SĂ ÎNVEȚI

Părintele Tadei/ Părinții zic: „Așa trebuie să fie, se cuvine să stai aici", iar copilul nu vrea, copilul nu poate să stea cuminte, pentru că este în creștere și este în continuă mișcare – neîncetat. Iar când copilul greșește cu ceva, mama și tatăl lui de obicei îl bat. Dar bătaia nu este un mijloc prin care copilul învață să fie ascultător. Poate este nevoie uneori și de ea, dar să fie întotdeauna din dragoste, și copilul să simtă dragoste, să simtă că nu ești mânios, căci dacă vrei să povățuiești pe cineva cu mânie sau vrei să îndrepți pe cineva cu mânie, nu vei izbuti nimic: te vei vătăma și tu, și el. Dacă vrei să aduci pe cineva la calea cea dreaptă, să-l îndreptezi, să-l povățuiești, iar el nu vrea să primească de îndată sfatul tău, trebuie ca mai întâi să te smerești tu însuți și, cu dragoste desăvârșită față de el, să îi arăți care este părerea ta – iar el o va primi atunci, căci este de la inimă la inimă. Dar când vrei cu orice preț ca lucrurile să fie așa după cum crezi tu, atunci nu iese nimic. Nu trebuie așa! Așa nu merge! De aceea întotdeauna sporește și se dezvoltă în copil împotrivirea. Și atunci când copilul nu vrea să asculte, nu trebuie să-l bați, ci îi trebuie o motivație ca să te asculte.

UN PLÂNS BUN

Părintele Tadei/ Într-o revistă de medicină, citeam cum un psihiatru spunea: „Pentru toți cei care suferă cu nervii, un plâns bun este mai de folos pentru calmarea nervilor decât treizeci de tablete." Vedeți, un plâns bun! Un plâns bun, știți! Așadar, este atât (de folositor) și pentru omul în vârstă! Plânsul este mai cu seamă un mijloc bun de liniștire a copilului: acesta plânge, și apoi se calmează.

DESPRE EDUCAȚIA COPIILOR

Părintele Tadei/ Prin anii 1936-1937 eram în Belgrad, la o familie. El era de origine germană, iar ea, asemenea – sau slovenă... Aveau un copil mic – un an și jumătate, doi; nu avea mai mult, nu mergea încă pe picioare. Ea l-a pus în pat, pe burtă, știți, și el plângea, plângea, plângea. Iar eu îi zic mamei: „De ce nu-l luați să-l liniștiți puțin?" „A, nu, nu!" spune ea. „Să se învețe în brațe, și apoi să nu mai pot face nimic! Își va dezvolta bine plămânii, dacă plânge – spune ea –, și abia atunci se va liniști singur." Și așa s-a și întâmplat: copilul a plâns, a plâns..., și numai după aceea s-a liniștit singur, apoi s-a jucat, apoi iar a plâns, iar mama lui nu a făcut nimic. O altă mamă, al cărei copil ar fi plâns, l-ar fi luat de îndată în brațe – și așa ar fi răsfățat copilul... Îmi amintesc de mine însumi. Am fost foarte bolnăvicios de mic, nedezvoltat, și nu știau ce să mai facă cu mine, și mă țineau neîncetat în brațe, și mă mângâiau neîncetat. Până la doisprezece, treisprezece ani n-am putut mânca nimic prăjit. Tot ce mâncam era numai de post, și nu știau ce să-mi mai facă. Bunica mea, când era nervoasă, mă dojenea, dar nici atunci nu puteam mânca. Iar mama îmi zicea: „Fiule, dacă vrei asta, îți dă mama!" Și asta nu mi-a plăcut. Atenția prea mare îi deranjează pe copii. Copiii trebuie să știe că părinții au dragoste față de ei, dar să nu le-o arate prea mult, ci să-i învețe să fie copii ascultători, pentru ca mai târziu să fie înzestrați pentru viață, să trăiască în lumea aceasta pentru Împărăția Cerurilor și să se facă fii ai Luminii.

ASCULTAREA ZIDEȘTE

Părintele Tadei/ Ascultarea zidește, iar voia de sine nimicește. Copilul trebuie să fie ascultător, cuvântul părintelui să aibă pentru el prețul unui lucru sfânt. Cuvântul părintelui îl va urma mai târziu toată viața, și întotdeauna îi va cinsti pe cei mai în vârstă – și nu numai pe aceștia, ci și pe cei mai tineri, dar mai vârstnici ca el. Va fi întotdeauna atent cu fiecare. Dar, din păcate, prea puține familii sunt educate așa.

***

DESPRE LACRIMILE HARULUI

Părintele Tadei/ Sunt mai multe feluri de lacrimi: unul plânge de ciudă, iar altul plânge pentru că l-a întristat cineva; un altul plânge pentru că i-a pierdut pe cei mai dragi și mai iubiți ai lui. Așadar, felurite sunt lacrimile... Există lacrimi de pocăință, care vin din mustrarea de conștiință pentru păcatele făcute, și când omul își vine în fire, începe să plângă. Atunci lucrează Harul lui Dumnezeu: sufletul își vine în fire pentru a se putea spăla... prin lacrimi. Da, da! Și când vin lacrimile acestea, sunt lacrimi de pocăință, sunt daruri ale Harului de la Domnul, pe care El le dăruiește sufletului. Când omul își vine în fire, începe să se slobozească treptat de grijile lumii acesteia și de iubirea de sine, de toate grijile sale, și se încredințează în mâinile lui Dumnezeu – și acolo sufletul său se smerește, și de atunci petrece neîncetat în umilință. Numai un asemenea suflet poate fi neîncetat, neîntrerupt, în umilință, care este lipsită de grija lumii acesteia. Pentru rugăciune este nevoie de o viață fără de griji în chip desăvârșit, căci și cea mai mică grijă – spun Sfinții Părinți – tulbură rugăciunea. Așa cum un spin caută să strice vederea omului, așa și cea mai mică grijă tulbură concentrarea și pacea rugăciunii. Iar când omul se împreunează cu Domnul, când este întru totul unit cu El, atunci sufletul lui se smerește și petrece în umilință. Iar sufletul care petrece în smerenie, în orice clipă este gata să înceapă a plânge pentru oricine. De îndată ce privește și vede că lumea dobitoacelor, lumea plantelor, oamenii – totul – suferă..., de îndată lacrimile se pornesc să curgă. În orice clipă, un astfel de suflet este gata a începe să plângă pentru toate. Aceasta înseamnă că în acel suflet sălășluiește Harul lui Dumnezeu și că acelea sunt lacrimi ale Harului, pe care Domnul le dăruiește. Sunt lacrimi mântuitoare. Ele duc sufletul la smerenie, la desăvârșire, la desăvârșirea vieții creștinești. Însă dacă avem griji, lacrimile acestea nu pot fi dobândite. După cum știți, Domnul ne-a zis să ne păzim bine, ca să nu ne împovărăm pe noi înșine cu mâncare și băutură și cu grijile lumii acesteia.

LACRIMILE SMERITE

Părintele Tadei/ Lacrimile curg atunci când gândurile se adună în lăuntrul nostru, când stăm la rugăciune și suntem cu luare-aminte la ea, sau când inima este atinsă de unele cuvinte – de pildă, la Sfânta Liturghie –, sau când gândurile noastre sunt legate de cuvinte care se găsesc în rugăciunile Sfintei Liturghii, ale Vecerniei sau ale Utreniei, sau când ne rugăm în singurătate. Sfinții Părinți spun: „Fiecare, când se roagă lui Dumnezeu, va găsi pe undeva vreun cuvânt care îi va mișca inima – undeva în Psaltire sau în vreuna din cărțile de învățătură –, un cuvânt care îi va atinge inima sau o rugăciune din care vor izvorî lacrimi."

Când toate puterile cele înțelegătoare ni se adună în lăuntru, pricepem, cu deplină înțelegere și cunoscându-ne slăbiciunile, că am păcătuit împotriva dreptății, împotriva adevărului și a dragostei. Simțim atunci că vrem să se reverse ploaie asupra noastră și să ne spele de toate aceste necurății.

Acest simțământ înseamnă lacrimi. Da, atunci încep lacrimile să curgă! De aceea Sfinții Părinți grăiesc că de îndată ce un cuvânt atinge inima, trebuie să păstrăm îndelung acest cuvânt, cât mai mult cu putință, și nu trebuie să purtăm grijă de nimic altceva.

Nu toți suntem cu atât de mare luare-aminte la Sfânta Liturghie, încât să plângem. Cel ce s-a lepădat în mai mare măsură de griji, cel ce are umilință, poate plânge în orice clipă, oriunde și oricând. Și acest lucru nu e de mirare, căci se află în starea de unire a gândurilor în minte. Această stare este smerenie, și sufletul lui este blând, de aceea întotdeauna este gata să plângă – iar mie, care nu sunt așa, trebuie să mi se dea peste nas ca să pot plânge. Să plâng pentru că mă doare nasul, sau din pricina iubirii de sine – că cineva a umilit persoana mea, că mi-a tras o palmă... Vedeți din ce pricini pot eu plânge, dar să știți că nu mi-e de niciun folos! Însă lacrimile care sunt din smerenie și izvorăsc din inima blândă, acestea sunt cele mântuitoare. Dar dacă plângem de ciudă, nu avem niciun folos; sau dacă plângem pentru că cineva ne-a defăimat, nu avem niciun câștig. Astfel de lacrimi ne sunt chiar păgubitoare.

DESPRE RĂZBOIUL GÂNDURILOR CU SEMENII

Părintele Tadei/ Gândurile tale sunt împovărate pentru că ai primit gândurile semenilor tăi. Roagă-te, dar, lui Dumnezeu să te despovăreze: „Doamne, ia de la mine povara asta!" Acestea sunt gândurile lor, este urzeala lor – iar tu, omule, ai avut cu totul alt gând! Ei, însă, au avut un altul, astfel încât s-au năpustit asupra ta cu gândurile, și te-au prins de îndată în planul lor de atac – și suferi, vezi. Dar dacă ai rupe legătura cu această năvală a lor, ai avea pace. Atunci ar putea vorbi și s-ar putea năpusti asupra ta – și tu vei rămâne liniștit. După aceea, se vor dezumfla ca o bășică. La început se vor umfla precum un balon mare, însă apoi, când niciun gând rău nu va veni de la tine, când vei răspândi numai gânduri liniștite, pline de dragoste – atâta timp cât împărtășești numai bine –, se vor dezumfla și nu vor mai avea putere, și nu te vor mai lovi, nu vor mai fi primejdie pentru tine. Dar dacă le întorci cu aceeași măsură, atunci să te ții – ăsta-i război! Și tu ești la fel ca ei, te lupți cu aceleași arme împotriva aproapelui, așa cum luptă și ei împotriva ta, așa-i? Le întorci cu aceeași măsură – este un război al gândurilor. Iar toți cei care sunt în război nu au pace, nici liniște. Pe câmpul de luptă nu există pace, cauți doar să vezi de unde se va ivi vrăjmașul ca să te ucidă și trebuie să fii neîncetat cu luare-aminte, să privești neîncetat ca să poți vedea de unde vine vrăjmașul...

DESPRE LINIȘTEA CEA DUHOVNICEASCĂ

Părintele Tadei/ Anevoios lucru este să fii liniștit. În împrăștiere nu poate fi rugăciune curată. Noi suntem mereu neliniștiți; neîntrerupt, din toate părțile, ne copleșesc ispite. Iar monahul împrăștiat niciodată nu va ajunge să se roage lui Dumnezeu cu mintea curată.

PORNEȘTE ASTĂZI ÎNAINTE, PENTRU DOMNUL!

Părintele Tadei/ Duhurile cele vrăjmașe din văzduhuri vor să ne împiedice pe calea mântuirii..., iar noi, molâii, știți, ne întoarcem într-o parte și spunem: „Așteaptă puțin, n-am terminat cu asta, trebuie numai să mai termin ailaltă." Atunci ne întoarcem în altă parte: „Da, numai acest plan să-l înfăptuiesc – și apoi mă voi pocăi. După aceasta, Doamne, voi merge drept și nu mă voi mai abate niciodată – nici la dreapta, nici la stânga." Dar duhurile din văzduhuri aceasta o și doresc: să amânăm pocăința de azi pe mâine, de mâine pe poimâine... și tot așa – până la sfârșitul vieții. Iar Sfinții Părinți spun: „Pornește astăzi înainte, pentru Domnul!"

DUH PLIN DE BUCURIE

Părintele Tadei/ Se zice că trebuie să păstrăm cu orice preț pacea lăuntrică și să avem întotdeauna duh plin de bucurie. Întotdeauna! Cu orice preț să fim pururea bucuroși, pururea voioși! Dar, iată, și Sfântul Ioan din Kronștadt spune: „Noi suntem precum vremea: vin furtuni, vânturi, fulgere, iar apoi strălucește soarele, și ne este bine." Așa și noi. Apoi iarăși vine furtuna, și iarăși soarele, și tot așa. Și mai zice: „Pentru că avem și trup, noi și trupul acesta materialnic suntem înrâuriți de condițiile atmosferice. Când condițiile sunt bune, iar presiunea atmosferică nu este mare, atunci este vreme bună și noi suntem veseli și bine dispuși. Însă când vremea este mohorâtă, și noi suntem abătuți."

Așa este! Pentru aceasta, trebuie să ne păstrăm cumpătarea duhovnicească: să fim liniștiți cu duhul chiar și atunci când este vreme mohorâtă.

Omul trebuie să se ostenească să fie întotdeauna, cu orice preț, într-o stare sufletească bună, să fie neîncetat cu duhul plin de bucurie, pentru că duhurile cele din văzduhuri vor să fim necontenit triști...

NOTĂ ASUPRA EDIȚIEI

Această carte reprezintă doar primul pas în dezvăluirea personalității și a lucrării Starețului Tadei de la Mănăstirea Vitovnița.

Cu prilejul alcătuirii acestei cărți, am avut la dispoziție un număr destul de mare de predici, sfaturi și convorbiri ale Starețului, precum și numeroase casete audio cu înregistrări ale spuselor sale. Aceste casete au fost, în mare parte, de o calitate slabă, ceea ce a îngreunat transcrierea textului. Majoritatea casetelor aveau scrise și data și locul unde au fost înregistrate, unele aveau doar data, iar altele nu aveau însemnate nici locul și nici data.

Am hotărât să lăsăm în întregime casetele audio, dar pentru ușurarea lecturii am pus subtitluri unde a fost cazul, folosind cea mai potrivită sintagmă a Părintelui din contextul respectiv. Astfel, convorbirile cuprinse în această carte apar de cele mai multe ori ca un șir de sfaturi legate între ele. Nu le-am grupat tematic, dar asta nu înseamnă că la o ediție ulterioară nu o vom face.

Multe din sfaturile Starețului se repetă mai mult sau mai puțin asemănător, în contexte diferite. Însă acest lucru este firesc și caracterizează orice duhovnic și stareț care are un anume cerc de teme, orizontul său de trăire și o perspectivă din care vorbește mereu despre aceleași lucruri: despre tămăduirea duhovnicească, mântuirea și îndumnezeirea omului.

Nu am dorit să-l înfățișăm pe Stareț „mai școlit" decât era, punându-i în gură moduri de exprimare care nu-i aparțineau – iar Părintele mereu vorbea cu un limbaj cât se poate de simplu, de evanghelic și împestrițat cu regionalisme –, căci povețele lui insuflate de Duhul nu aveau nevoie de așa ceva; dar nici nu am păstrat întru totul stilul oral al cuvintelor, ci am ales o cale de mijloc: să păstrăm întru totul curate gândul, cuvântul și expresia Părintelui, dar să le adaptăm cât de cât normelor literare.

Această carte este rodul lucrării de obște și dragostei multor fii duhovnicești ai Stareţului Tadei. Trebuie să pomenim pe cei ce în chip nemijlocit au ajutat ca ea să apară: Părintele Srdjan Iablanovici, care a primit personal binecuvântarea Stareţului Tadei de a publica această carte – nu însă înainte de a trece la cele veșnice –, și care ne-a pus la dispoziţie mai multe casete audio și texte; Părintele Dragoslav Topolaț, care ne-a dat cu amabilitate mai multe fotografii, casete, precum și o copie după *Suta de capete* a Stareţului Tadei și manuscrisul traducerii din *Cuvintele Sfântului Isaac Sirul*; Vladimir Stefanovici care ne-a pus la dispoziţie numeroase casete și compact-discuri cu sfaturi și convorbiri; Mira Brișevici, care cu hărnicie a transcris cuvânt cu cuvânt sfaturile Stareţului de pe felurite înregistrări audio; Milinko Stefanovici și Goran Velikovici, care ne-au ajutat la ilustrarea fotografică a acestei ediţii; Iovan Srbuli, directorul *Editurii Obraz Svetaciki*, care a reușit să publice această carte. Tuturor le mulţumim pentru dragoste și trudă, mulţumim însă și tuturor celor pe care nu-i cunoaștem – dar îi cunoaște Dumnezeu –, care ani la rând au scris sau au înregistrat convorbirile, predicile și sfaturile Părintelui. Toţi aceștia au contribuit în chip sobornicesc ca această modestă carte să apară ca o pâine cuvântătoare dospită de inimile și lacrimile multor suflete.

CUPRINS

COLOFON

Traducere/ Valentin - Petre Lică
Diortosire/ Sladjana Gurgu
Redactor/ Radu Hagiu
Lector/ Anca Fantaziu
Fotograf/ Goran Velikovici
Copertă, Layout/ Andreea Mihaiu
Dtp/ Andra Pavel
Editura Predania/ București

www.predania.ro
Distribuție/ Supergraph
0728 303 566
ISBN 978-606-8195-55-1

București 2019

Tipar: ARTPRINT
E-mail: office@artprint.ro
Tel.: 021 336 36 33